Butt
ボタンとビーズのアクセサ
Beads

Button

ボタンを生かしたアクセサリー

Contents

この本の作品はすべて大阪産業のビーズと用具を使用しています。
素材に関するお問い合わせは下記まで。(注文に関してはFAX、郵便、eメールにて受付けます。詳しくは80ページをご覧ください)

大阪産業　〒541-0057　大阪市中央区北久宝寺町1-8-15　TEL.06-6271-6636　FAX.06-6271-6630
e-mail:paolooic@jade.dti.ne.jp

ボタンと雑貨のショップができました。

ボターオ　〒150-0021　東京都渋谷区恵比寿西2-17-3 1F　TEL.03-3464-8449
http://www.e-zakka.co.jp/botao.htm
『ボターオ』の意味はボタンの語源といわれるポルトガル語。もともとは“つぼみ”を意味する言葉です。

Beads

STAFF
design：Paolo Bottoni Design Room
photograph：Tadashi Aono
styring：Yoko Watanabe
book design：Mihoko Amano
Illustration：Fumie Shimizu
edition：Tomoko Kajiyama/Miku Sawanishi
印刷物の為、作品の色は実際と多少異なる場合があります。ご了承ください。

雄鶏社ホームページhttp://www.ondori.co.jp

Button

＋（プラス）ボタンの楽しみ

お気に入りのブラウスに付いていた、
ちいさなボタン。
捨ててしまうのにはもったいない・・・と、
ボタン箱にとってある人はいませんか？
そんなボタンをビーズでとめつけるだけで
こんなにかわいいアクセサリーが作れます。
ちいさなボタンとその穴を上手に生かした
楽しみ方です。

Ⅰ・カットビーズを2つ並ぶようにとめつける

Ⅱ・ちいさな粒ビーズで花びらをかたどって

Ⅲ・カットビーズと粒ビーズを組み合わせて、花のように

Ⅳ・ボタンの色とおそろいの粒ビーズでアーチを作る

1 ふたつ穴のボタンを生かしたコームとブローチ

ボタンの色に合わせてビーズを選んで、全体の雰囲気を作ります。abcdef　作り方・・・46ページ

ボタンの穴を生かして使う

かわいらしくて実用的。
それがボタンのいちばんの魅力です。
ボタンには服に止めつけるための穴が必ずあいていて、
じっと眺めているだけでクラフトのための
いろいろな創造力をかきたてられます。

f

ブローチは、ボタンをとめつけながら
中央にモチーフを作って、ポイントにしています。
カラフルなボタンのまわりにはシックなメタルカラーを合わせて、
さらに外側の粒ビーズの色を際だたせています。
コームは少しずつ大きさが違うボタンを
交互に重ねてとめつけます。
粒ビーズを通しながらボタンの穴をくぐらせて、
花の芯を表現しています。

b

パーツとしてのボタンいろいろ

ひとくちに「ボタン」といっても、平たくて中央に穴があいているものばかりではなく、足つきのもの、丸くないもの、絵が描いてあるものなど、カラフルで楽しいものがたくさんあります。
ここで紹介しているのはそのごく一部ですが、ふつうに洋服にとめつけるだけでなく、ビーズクラフトのパーツとして上手に利用すれば、オリジナルアクセサリーをもっと楽しむことができます。

ボタンがポイントのアクセサリー

「アクセサリーにボタンを生かす。」
そう考えて、あらためてボタンを眺めてみると、
思いがけないアイデアを思いついたりします。

2 ボタンのシンプルなネックレス

ボタンにキャップをかぶせただけの、
シンプルネックレス。
ボタンそのものの素材や色を生かした
アクセサリーです。
ビーズボールなどと同じように扱えば、
ピアスやリングにも応用できます。

abc　作り方・・・47ページ

a

b

3 三つ編みネックレスとブレス

皮ひもを、ボタンを通しながら三つ編みに編んでいきます。皮素材の色とボタンの色を変えれば、簡単にバリエーションが楽しめます。

a b　作り方・・・42ページ

4 レトロ風ボタンをつないだベルトとネックレス

少しくすんだトーンがかわいいボタン。レトロ調の配色が効いています。

ａｂ　作り方・・・・43ページ

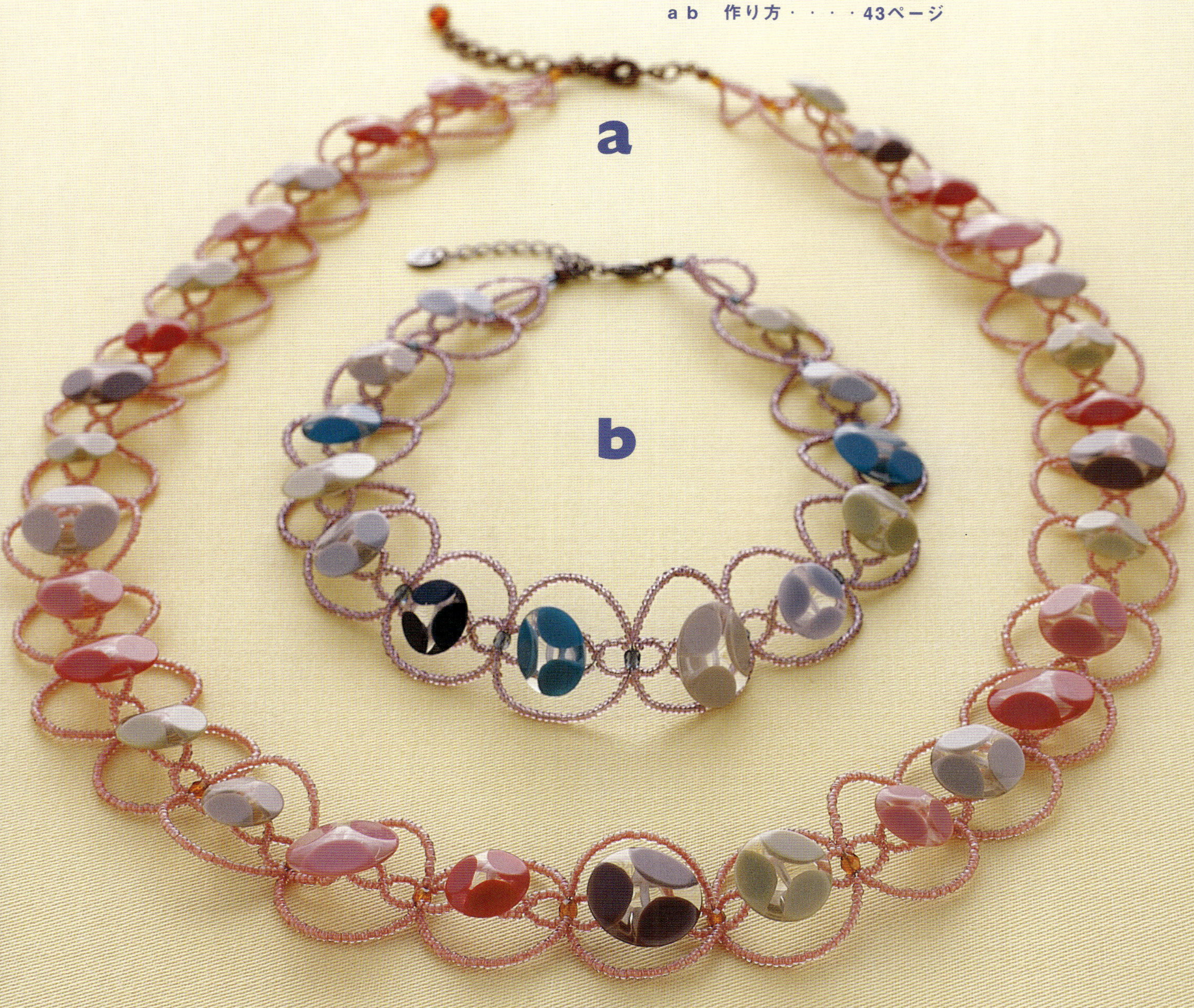

5 マーガレットのネックレスとブレス

ボタンを中央に、穴を生かしてまわりにビーズで花びらを作ります。カットビーズのようなガラスボタンのきらめきが素敵です。

ａｂ　作り方・・・44ページ

c

6 リング◆ピアス◆イヤリング

リングにはチョーカーと同じ大きな花を。
ピアスとイヤリングには
少し小ぶりな四つ葉のイメージで。
cde　作り方・・・44ページ

d

e

7 ビーズ編みのチョーカー

ビーズ編みのシートの途中で、ボタンの足を通して編み込みます。
パール系のビーズに金属のボタンを合わせて、フォーマルにも使えるチョーカーにしました。

a b　作り方・・・48ページ

8 フローストカラーのネックレス◆ブレス◆リング

細めのチェーンを2本上手に使って、
ネックレスとブレスレットに。
リングは皮ひもを二重に通しただけのシンプルリング。
a b c d　作り方・・・49ページ

9 パールビーズでくるんだリング
ペンダントとイヤリング

パールビーズでボタンをくるむようにまわりを編みました。
ボタンにあしらわれた金ぱくとゴールドの粒ビーズが好相性。

a b c d　作り方・・・50ページ

a

b

c

10 イラスト入りボタンのリングとブレス

小花模様が描かれているボタンのアクセサリー。イラストの中の色をバンド部分にも生かして。

a b c　作り方・・・51ページ

Button

11 アイアンボタンのネックレスとピアス

金属素材のボタンはピンとの相性が抜群。適度な重みで、着けたときの質感もいいかんじ。

a b c d　作り方・・・52ページ

12 テントウムシと葉っぱの ペンダントとリング

虫や葉っぱのボタンは組み合わせてひとつのモチーフに。ちいさな世界を作って身につけるのも面白いです。

a b c　作り方・・・53ページ

Button

13 イラストボタンのストラップ

天使、きのこ、かたつむり・・・・。
お気に入りのイラストボタンを１個ポイントにして、
小さなストラップを作ります。

a b c d e　作り方・・・54ページ

14 ボタンをポイントにしたリングいろいろ

リングトップの部分をいろいろなボタンに変えて楽しめます。
足つきタイプのボタンならどんなものでも大丈夫。
ベルト部分の素材はボタンに合わせて工夫してね。
作り方・・・ⅠⅡⅢ…56ページ　ⅣⅤⅣ…57ページ

Ⅰ

Ⅰ・こまかくカットが入ったプラスチックボタン。
同色のカットビーズを上手に配置

Ⅳ

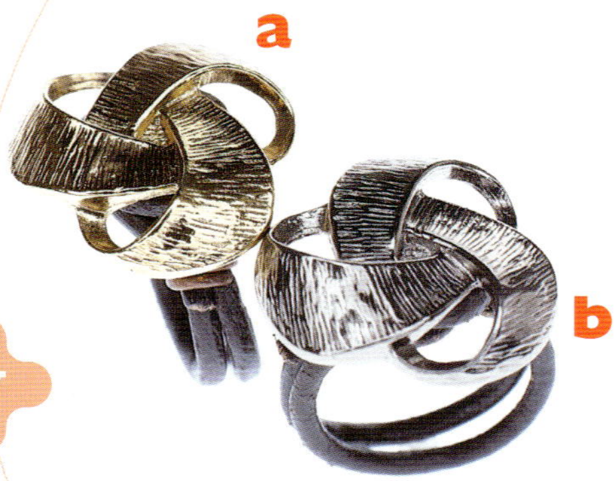

Ⅳ・ジャケットに使えそうな金属のボタン。
繊細な造りが素材の硬さを感じさせません。

Ⅱ

Ⅱ・キャラメルのような色の細長いボタン。
指に沿うたて長のデザインは指をきれいに見せます。

Ⅲ

Ⅲ・アクリルの中に花が咲いているボタン。
オーバル、スクエアなど、形にも凝っています。

Ⅴ

Ⅴ・中央にあいた穴を使って、
ワイヤーでちょうちょをつけています。
ちょっとした遊び心を感じます。

Ⅵ

Ⅵ・キャンディーのようなプラスチックボタンを使って。
ビーズと組み合わせて透明感を楽しみます。

15 リボンを通したリング◆ブレス◆チョーカー

シックなクロバーのモチーフに似合う、
ベルベットリボンを使います。
リボンにチェーンを添わせているところがポイント。

a b c　作り方・・・55ページ

アンティークボタンの話

アンティークボタンとは、簡単に言ってしまえば、
「昔作られたボタン」のことです。
ただし、「昔作られたボタン」と
一口に言ってもその歴史は古く、
起源をたどれば、古代エジプトにまで
さかのぼることができるといいます。
その古い歴史の中でも
コレクションアイテムとして
珍重されているのが、
主に中世ヨーロッパにおいて
作られた装飾ボタンです。
ルネッサンス文化の影響を受け、
服飾文化とともに飛躍的な発展を遂げたボタンは、
一つ一つ手作業で作られた大変贅沢なもので、
当時は限られたごく一部の人たちのものでした。
そのせいでしょうか、たった一つのボタンにも、
繊細な細工の美しさだけでなく、優雅な気品が感じられます。
その後、多くの職人の手によって様々な素材が生まれ、
細工が施され、ボタンはどんどん多様化していきます。
そんな中で生まれた一つが、私たちの手に入り、
コレクションされたり、ふたたび装飾品として
生まれ変わったりしているのです。
「これらのボタンはどんな人に作られて、
どんな服につけられていたのでしょう。」
その細工の見事さを眺めるだけでなく、
そんなことに思いを馳せるのも、
アンティークボタンの楽しみの
ひとつだと言えるでしょう。

Beads

ビーズを楽しむアクセサリー

ビーズを上手に組み合わせて、
花やハートのモチーフを作ったり
ピンを細かくつなげて、
しなやかなラインを出したり
ひと工夫でビーズクラフトは
さらに楽しくなります。

ビーズでモチーフを作る

ビーズクラフトで大切なのは、
色使いとポイント作り。
涼しげなデザインにするは
透明感のあるビーズやパールビーズを合わせます。
モチーフをしっかり作って、
アクセサリーのポイントにしましょう。

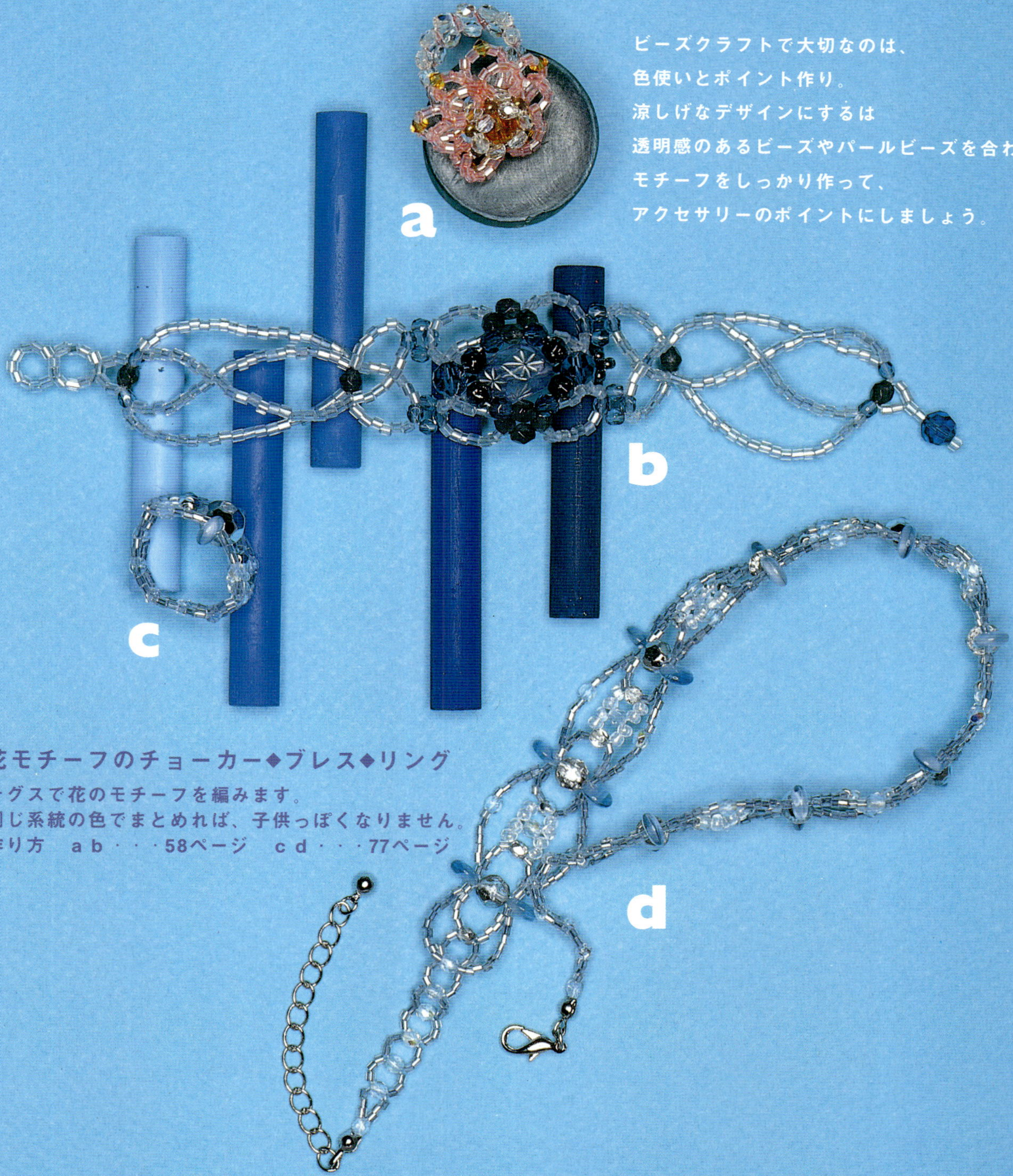

16 花モチーフのチョーカー◆ブレス◆リング

テグスで花のモチーフを編みます。
同じ系統の色でまとめれば、子供っぽくなりません。
作り方　ab・・・58ページ　cd・・・77ページ

17 ハートモチーフのアンサンブル

カットビーズを編んで、ハート形に作ります。
色を変えて縁取りをするとハートが一層際だちます。

a b c d e　作り方・・・60ページ

c
b

d
e

18 花モチーフのパールセット

ゴールドとパールに、
コバルトやパープルのシックな組み合わせで
上品なイメージ。
球形のモチーフつきリングは
存在感あります。
a b c d e f g
作り方・・・62ページ

e

d

f

g

19 飴色モチーフのペンダント

金具を使わずに
ぐるぐる編み上げた花のモチーフ。
チェーンの部分が
2本になっているのも
ひと工夫されたポイント。
a b　作り方・・・64ページ

20 カットビーズのブレスレット

同系の２色使いで上品なブレスレット。
簡単に作れて、どんな服装にも似合います。
ａｂ　作り方・・・66ページ

ピンを使って
エレガントに

ビーズを通したピンをこまかくつないで、
動きのあるアクセサリーを作ります。
ピンの素材もゴールド、シルバー、
ブロンズといろいろあるので、
作りたいイメージに合わせて選びましょう。

21 パープルトーンのネックレスとリング

シルバーピンのきらきら感を
生かしたネックレス。
胸元で揺れる様子がエレガントです。
ａｂ　作り方・・・67ページ

22 螺旋につないだネックレス

ピンをつなぎながら螺旋状に巻いて
モチーフを作ります。
同系色で微妙に色を変えていくのが
ポイント。

a b　作り方・・・68ページ

23 ピンで作る王冠のモチーフ

リングとネックレスには、
ピンをアーチ形に曲げて作った王冠がついています。
ちょっと難しいけど
1本ずつ丁寧に曲げて作りましょう。
a b c　作り方・・・69ページ

c

Beads

変わりビーズを使って

アクセサリーのポイント作りに、
少し変わったビーズを使うのもひとつの方法。
透明感のある大きめのビーズや、
自然の素材感が生きているストーンタイプのものを使うなど、
よりオリジナルに楽しんでみましょう

24 春色ビーズのチョーカー

ピンクの天然石ビーズと、
うぐいす色のビーズを組み合わせて、
春らしい色合いの
チョーカーができました。
作り方・・・73ページ

25 マーブルストーンのチョーカー

ラメの入ったマーブル模様のビーズを使って、
抑えた中にも個性のあるチョーカー。
作り方・・・74ページ

26 シャワーを使った イヤリング◆ブローチ◆リング

カラーパールを生かした、
アンティーク調のイヤリングとリング。
ブローチは深い紫色で、スクエア型が新鮮。
a b c　作り方・・・75ページ

27 キャンディーカラーのチョーカー

飴玉のような丸いビーズのチョーカー。
花形のビーズが甘すぎない
かわいらしさを作り出しています。
ａｂ　作り方・・・76ページ

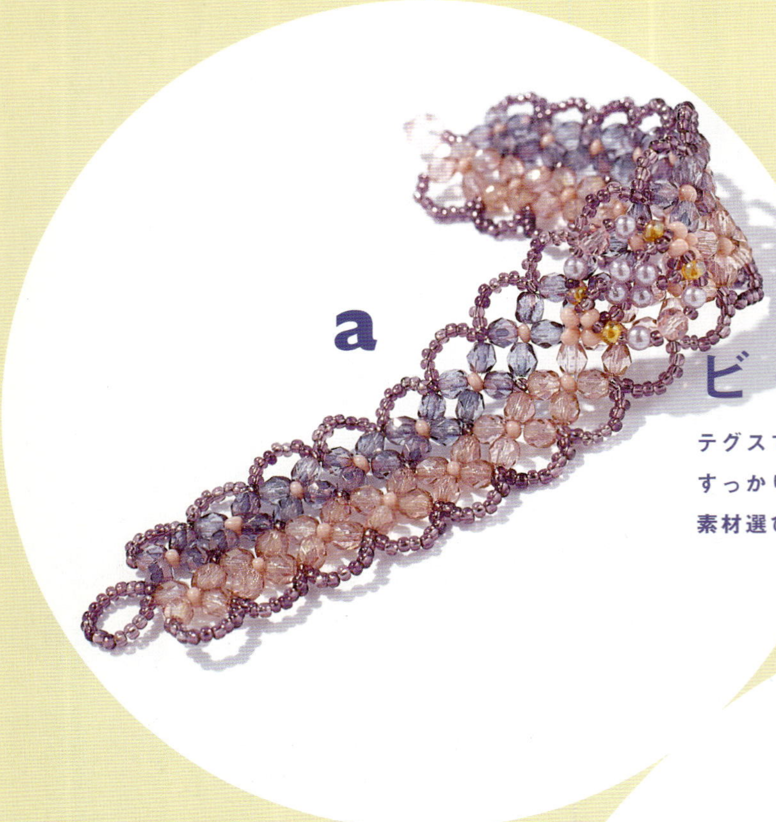

ビーズ編み

テグスでビーズを通しながら編んでいくビーズ編み。
すっかりお馴染みになったこの手法ですが、
素材選びと色使い次第でぐっとセンスアップできます。

28 ビーズ編みのブレスレットとリング

同系色のカットビーズを編んで作る、
ブレスレット＆リング。
中央のモチーフにはカラーのパールを使いました。

a b　作り方・・・41ページ

Page40

28

ビーズ編みのブレスレットとリング

材料　◆ボタン＆ビーズ

a……**カットビーズ**だ円4mmオーロラブルー、オーロラピンク 各64個　丸6mmピンク 1個　**染めパール**3mmパープル8個　**粒ビーズ**<大>ピンク 40個　オーロラ黄色 4個　<丸>メタリックパープル350個

b……**カットビーズ**だ円3mmパープル 64個　**粒ビーズ**<大>ピンク 16個　オーロラ黄色 8個　<丸>メタリックパープル 114個

◆その他

ab共通 **テグス** (#3)120cm 1本　30cm1本

作り方

a……1＊テグスをカットし、120cmのテグスでブレスレットを編む。2＊モチーフをブレスレットにつけながら作る。

b……テグスでビーズを通しながら編み、輪にする。

出来上がり寸法　a 14cm　b 6cm

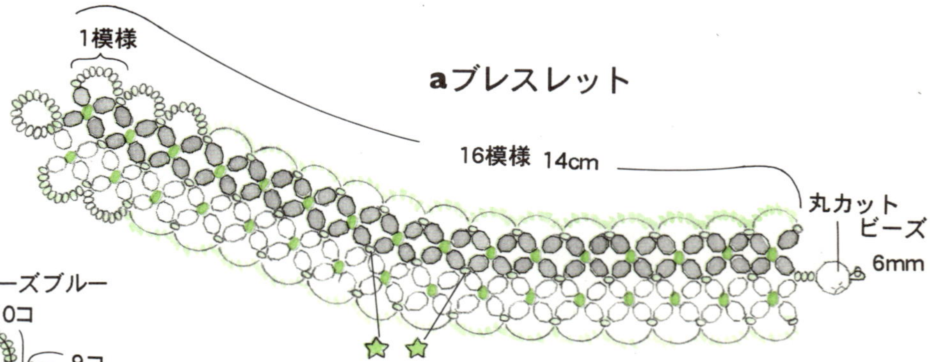

1 作り始め

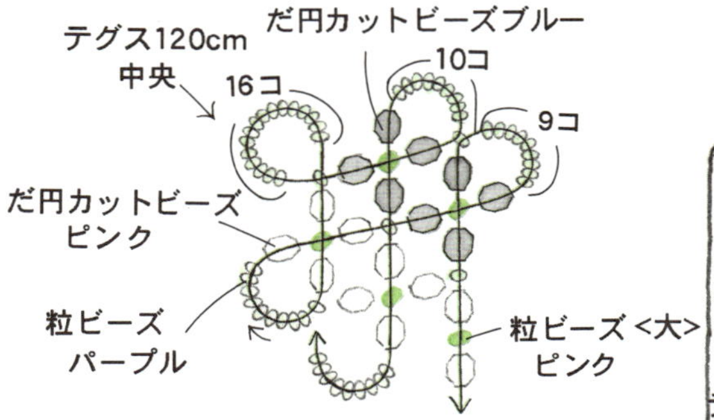

2 モチーフ

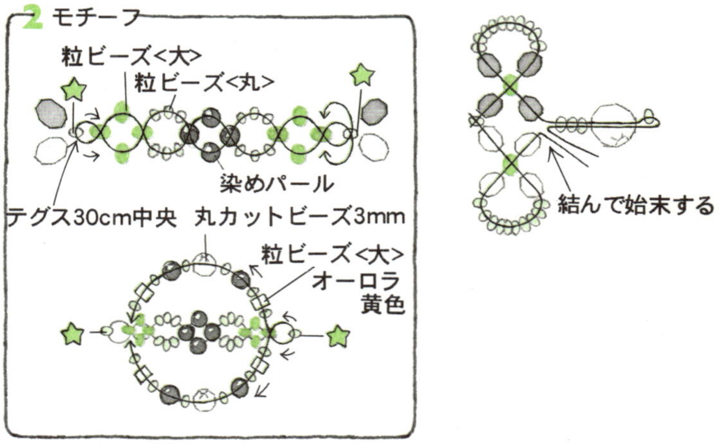

bリング

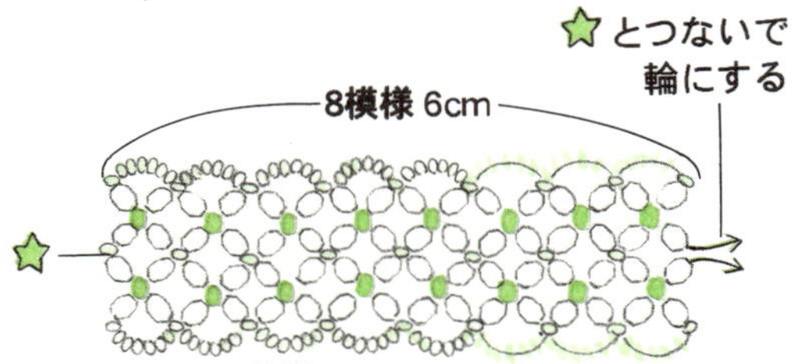

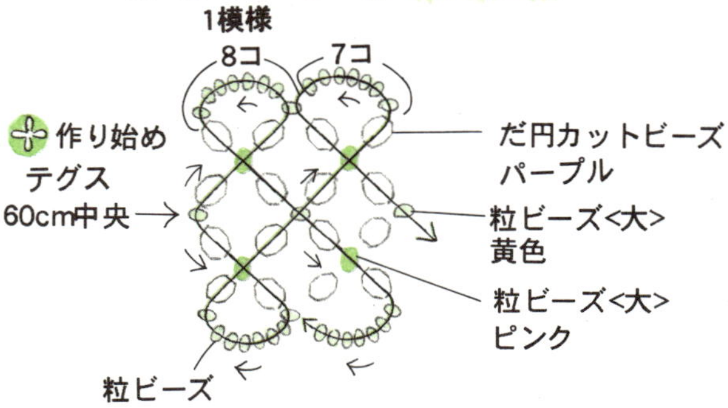

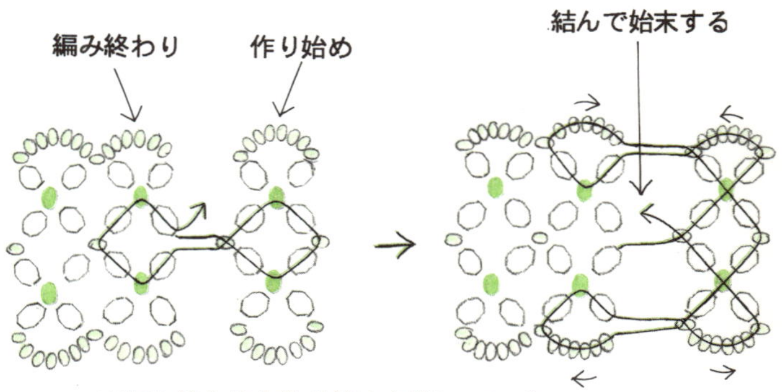

※編み終わりと作り始めを輪につなぐ

Page10
3
三つ編みネックレスとブレス

材料　◆ボタン＆ビーズ

a,b …… **足つきボタン**直径1.2cm［オレンジ色 3個　パープル、グリーン 各2個］

◆その他

ab共通（ブロンズ）
とめ具 1個　**丸カン** 2個　**ひもどめ** 2個　**アジャスター** 1個
皮ひも直径1.5mm淡茶　**a**140cm　**b**70cm

作り方

ab共通 **1**＊皮ひも3本の端をひもどめにボンドでとめる。**2**＊ボタンを通しながら三つ編みを編み、反対の端もとめる。**3**＊金具をつける。

出来上がり寸法　**a** 35cm　**b** 15cm

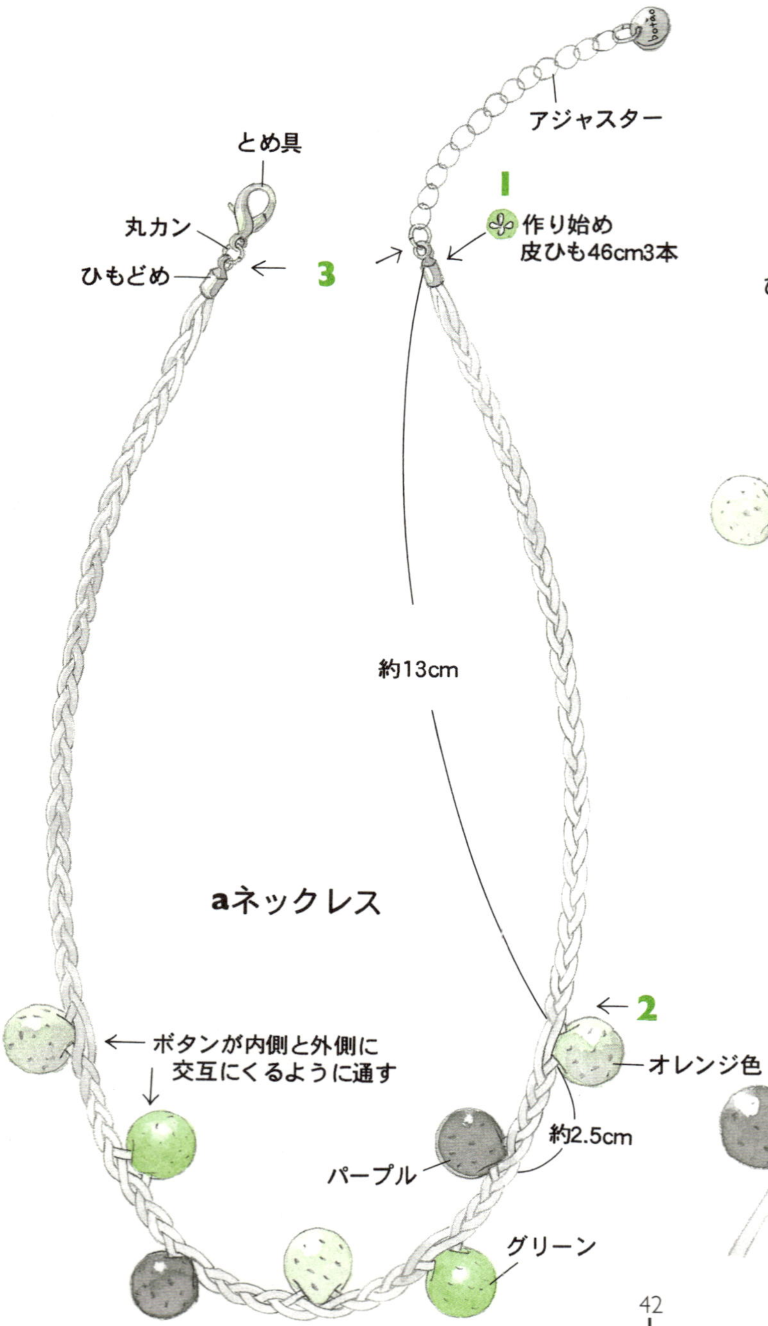

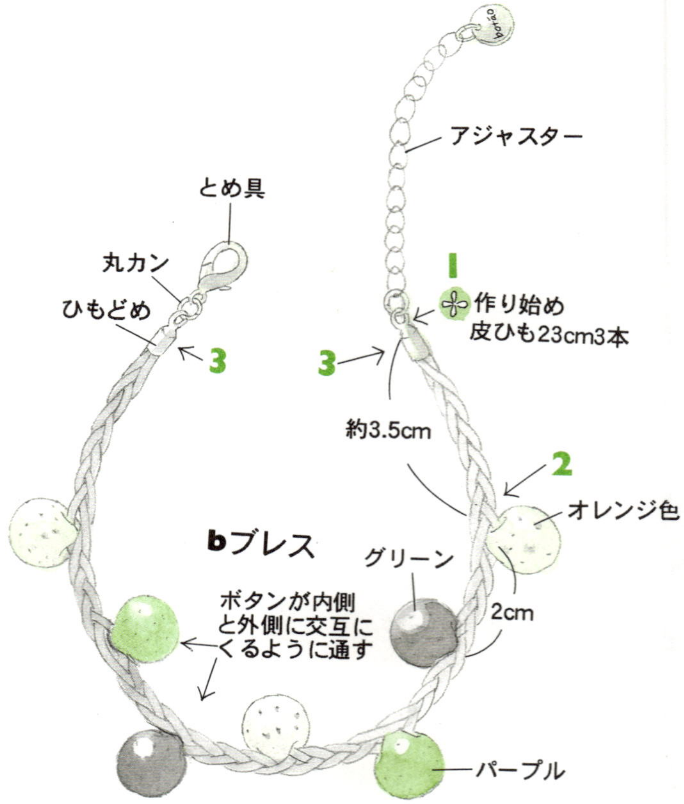

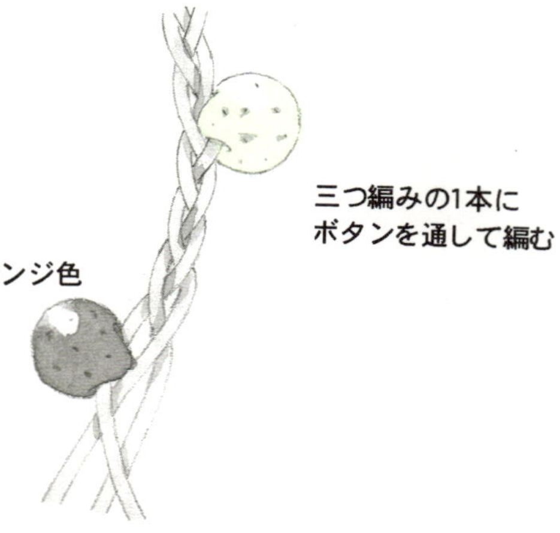

Page11

4

レトロ風ボタンをつないだベルトとネックレス

材料　◆ボタン&ビーズ

a　**足つきボタン**(直径L1.7cm・M1.5cm・S1.3cm)計30個　グリーンM4個、S3個　茶色L3個、S1個　赤L2個　M2個、S3個　ピンクL3個、M3個、S1個　ベージュL1個、M3個、S１個　**カットビーズ**(ブラウン)だ円３mm　33個　だ円6mm 1個　**粒ビーズ**<丸>ピンク 3624個　赤 2個

b　**足つきボタン**計13個　グレイM3個、S1個　ベージュL1個　S1個　ターコイズブルーL1個　M2個　グリーンL1個、M1個、S1個　紺S1個　**カットビーズ**だ円3mmブルーグレイ 16個　**粒ビーズ**<丸>パープル1652個

◆その他

ab共通 **ナイロンコートワイヤー**　a 6m(150cm×4)　b2.8m (70cm×4)
(aブロンズ　bいぶし銀)
とめ具1個　**アジャスター**1本　**ボールチップ**2個　**丸カン**2個　**つぶし玉**2個　aのみ**Tピン**1本

作り方

ab共通 **1**＊ナイロンコートワイヤーをそれぞれカットし、まとめてボールチップでとめる。２本を使ってビーズとボタンを通しながら編む。**2**＊残しておいた２本で、外側に輪を作るように編む。**3**＊編み終わったら４本一緒にボールチップで始末し、金具をつける。

出来上がり寸法　a 75cm　b 35cm

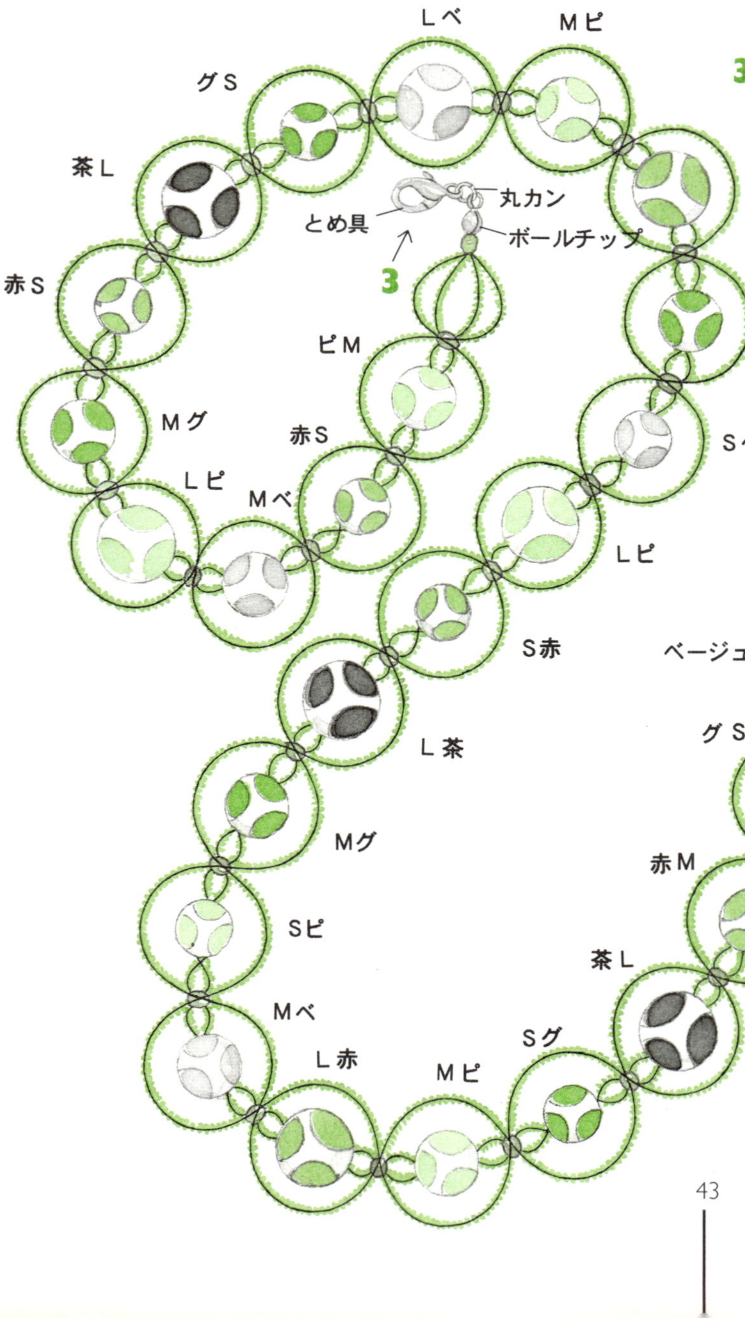

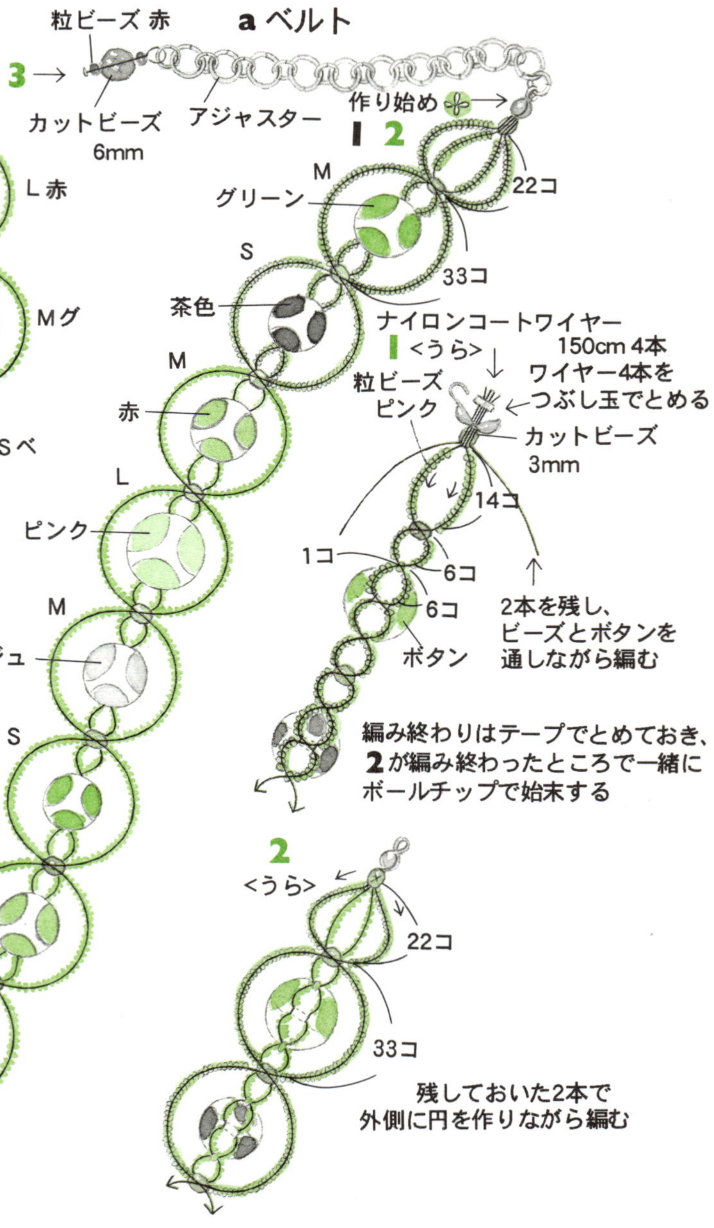

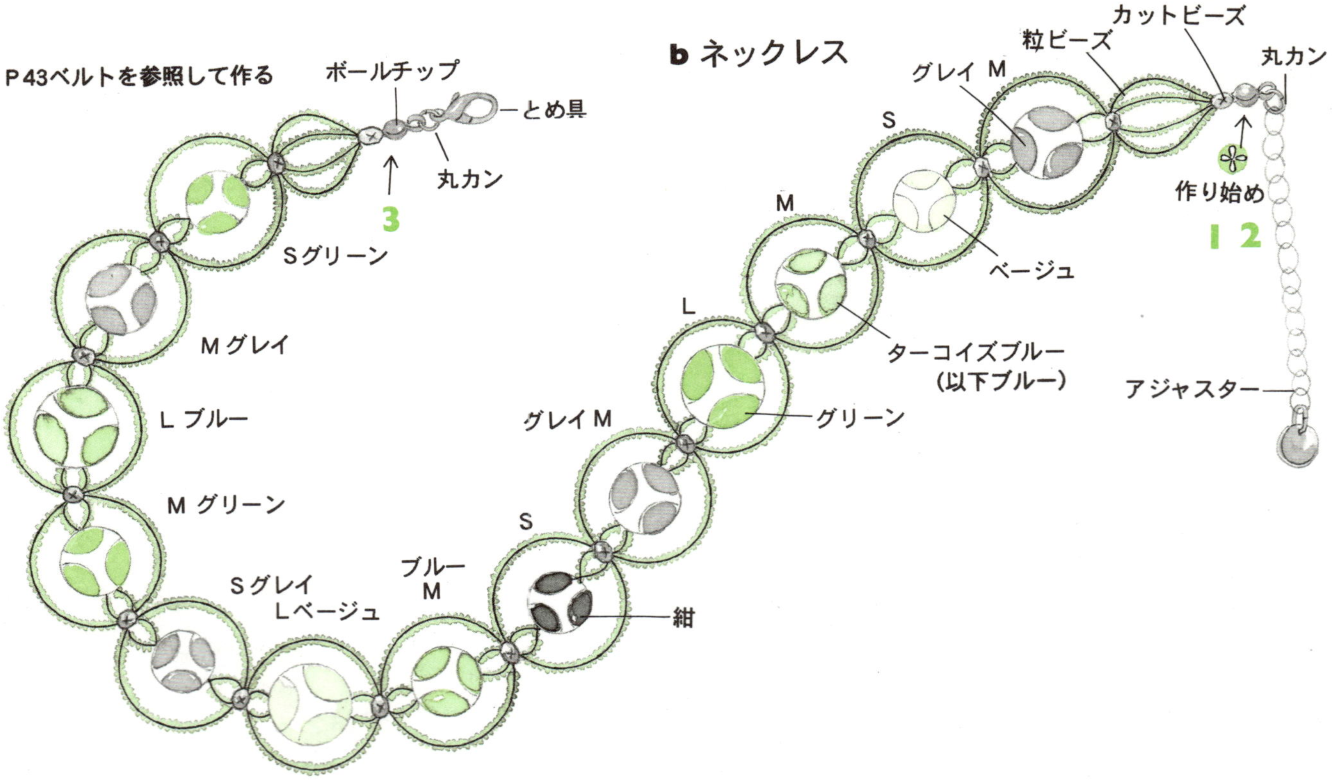

Page12
5,6
マーガレットの
ネックレスとブレス
リング◆ピアス◆イヤリング

材料 ◆ボタン&ビーズ

a 足つきボタン四角1cm×1.2cm(ルビー)3個 カットビーズ丸 6mm(パープル)4個 だ円6mm(オーロラピンク)2個 だ円4mm [(オーロラピンク)4個 (ボルドー)2個] だ円3mm(オーロラピンク)4個 そろばん型ビーズ4mm(パープル) 30個 染めパール赤 [4mm 4個 3mm 38個] プラスチックビーズ丸4mm(べっ甲色) 2個 竹ビーズ<一分カット>メタリックパープル 424個 粒ビーズ<大>ゴールド 10個 <カット>ゴールド 28個

b 足つきボタン四角1cm×1.2cm(ブルー)1個 カットビーズ丸 [6mm(グレイ) 2個 4mm(オーロラ)2 個] だ円 [6mm(グレイ) 2個 4mm(ブルーグレイ) 4個 3mm(オーロラ8個 グレイ8個)] そろばん型ビーズ4mm(ブルー) 10個 染めパール4mm(メタリックブルー) 4個 2mm(濃ブルー) 22個 竹ビーズ<一分カット>(オーロラ) 44個 粒ビーズ <カット>ブルー 92個 <丸>シルバー 16個

c 足つきボタン四角1cm×1.2cm(ブラウン) 1個 カットビーズ丸4mm(ベージュ)2個 だ円4mm(あめ色) 2個 そろばん型ビーズ4mm(ブラウン) 10個 染めパール3mm(ゴールド) 10個 竹ビーズ<一分カット>(オーロラパープル) 124個 粒ビーズ <大>ゴールド 2個

d,e 足つきボタン四角1cm×1.2cm(dブルー eルビー) 2個 カットビーズ丸4mm(dグレイ eピンク) 2 個 竹ビーズ<一分カット>d,eオーロラ 8個 粒ビーズ <カット>dブルー eパープル72個

◆その他

a (すべてシルバー)とめ具 1個 アジャスター 1個 つぶし玉 2個 9ピン 4本 ナイロンコートワイヤー 80cm テグス (#3)150cm (50cm×3本)

b (すべてシルバー)とめ具 1個 アジャスター 1個 つぶし玉 2個 丸カン 2個 9ピン 10本 ナイロンコートワイヤー 40cm テグス (#3)50cm

c つぶし玉 1個 ナイロンコートワイヤー 20cm テグス (#3) 50cm

de共通 (dゴールド eシルバー)つぶし玉 2個 dイヤリング金具 eピアス金具 1組 ナイロンコートワイヤー 30cm

作り方

ab共通 1＊モチーフとパーツをあらかじめ作っておく。2＊ナイロンコートワイヤーでビーズとパーツ、モチーフを通しながら編む。3＊金具をつける。

c 1＊モチーフとパーツをあらかじめ作っておく。2＊ナイロンコートワイヤーでビーズとパーツ、モチーフを通しながら編む。3＊はじめのつぶし玉に通してベルト部分を輪にする。

d ナイロンコートワイヤーで図のようにボタンとビーズを通す。金具を通してとめる。

出来上がり寸法 a 34cm b 16cm c 5.8cm d,e 4cm

aネックレス

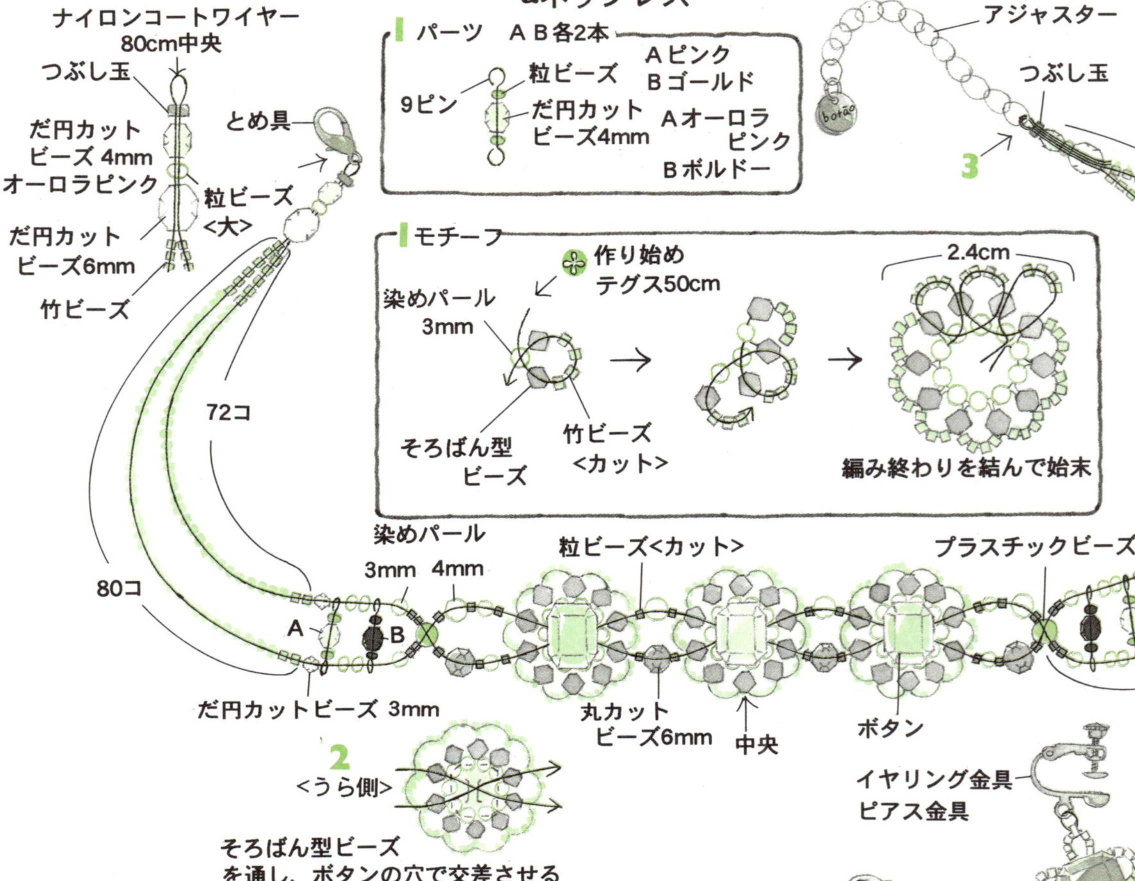

dイヤリング
eピアス

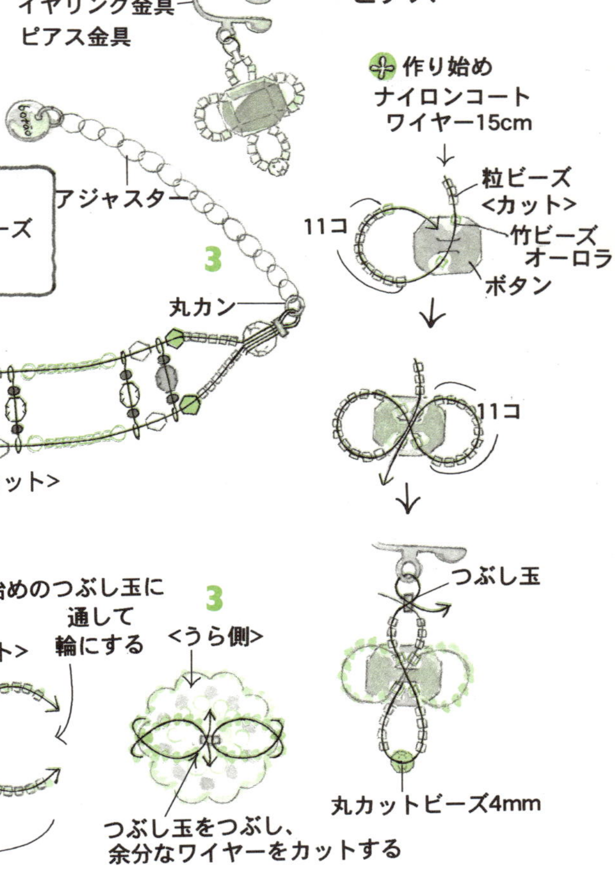

bブレス

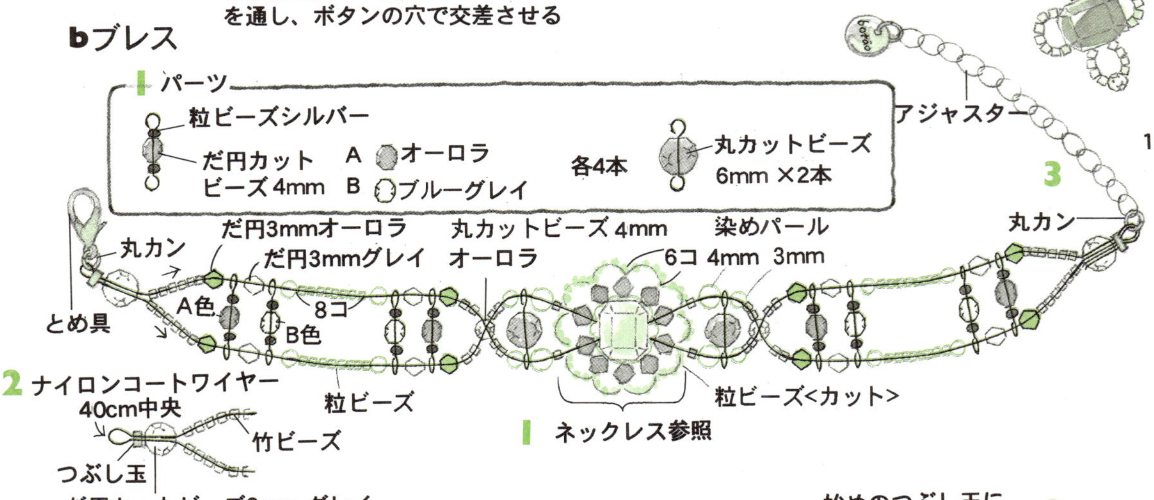

cリング

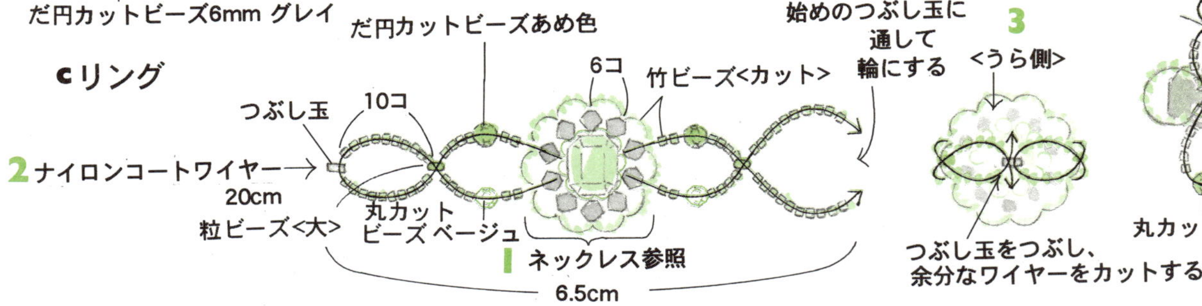

Page6
1
ふたつ穴のボタンを生かした
コーム

材料　◆ボタン＆ビーズ

a　**ふたつ穴ボタン**(ボルドー)［直径1.5cm 3個　直径1.8cm 2個］　**カットビーズ** だ円3mm(アメジスト) 10個　**粒ビーズ**<丸>ボルドー 7個

b,c　**ふたつ穴ボタン**(**b**ベージュ**c**グリーン)［直径1.5cm 2個　直径1.8cm 1個］　**カットビーズ** だ円3mm(**b**クリスタル**c**ライトイエロー) 6個　**粒ビーズ**<丸>**b**ボルドー**c**パープル 4個

◆その他

ab共通 (いぶし銅)**コーム a** 幅6cm　**b,c**幅4cm　**テグス** (#3)70cm

作り方

ab共通 コームの端にワイヤーを巻つける。ボタンとビーズを通しながら続けてコームにワイヤーを巻きつける。これをくり返し、最後も余ったワイヤーを巻きつけてカットする。

出来上がり寸法　**a**幅7cm　**b,c** 幅4.5cm

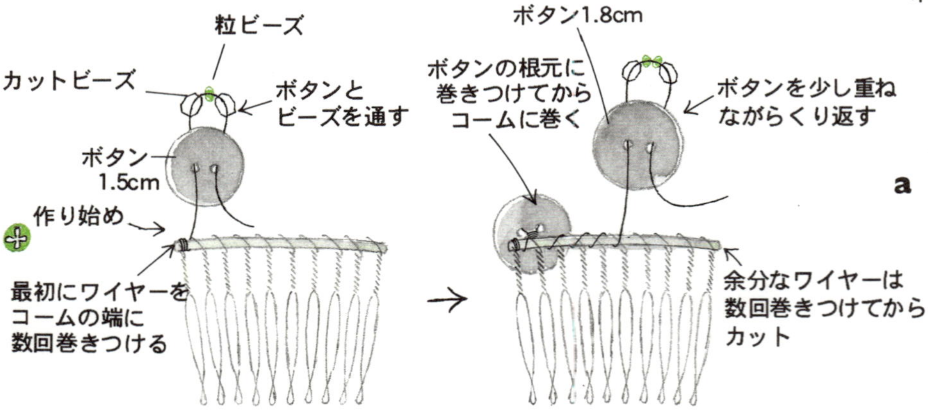

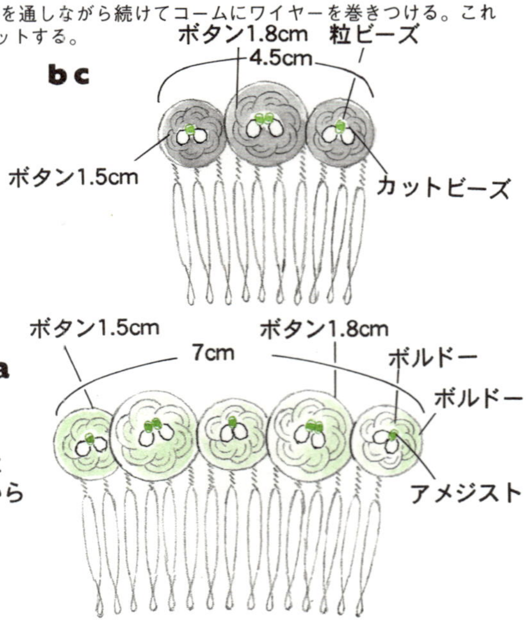

Page6
1
ふたつ穴のボタンを生かした
ブローチ

材料　◆ボタン＆ビーズ

d　**ふたつ穴ボタン**直径1.3cm (ピンク)1個　**カットビーズ** 丸4mm(ブルー) 1個　**メタルビーズ**3mm(ブロンズ) 15個］　**粒ビーズ**<丸>A色：水色　B色：赤紫　各140個　<カット>ブルー 10個

e　**ふたつ穴ボタン**直径1.3cm (オレンジ色) 1個　**カットビーズ** 丸4mm(パープル)1個　**メタルビーズ**3mm(ガンメタ) 15個　**粒ビーズ**<丸>A色：赤紫　B色：オレンジ色　各140個　<カット>赤 10個

f　**ふたつ穴ボタン**直径1.3cm (ブルー)1個　**カットビーズ** 丸4mm(パープル) 1個　**メタルビーズ**3mm(ガンメタ) 15個　**粒ビーズ**<丸>A色：オレンジ色　B色：パープル　各140個　<カット>ゴールド 10個

◆その他

def共通(**d,e**いぶし銀 **f**ブロンズ　)　**シャワー台付きブローチ金具**（直径2.3cm）1 個　**テグス** (#3)140cm

作り方

def共通1＊ボタンにビーズで星形の飾りをつける。**2**＊シャワー台の中央にボタンをのせ、カットビーズを通しながらシャワー台にボタンをとめつける。**3**＊ボタンのまわりにカットビーズ、そのまわりに粒ビーズをとめつける。**4**＊ブローチ台をつける。

出来上がり寸法　**d,e,f** 直径2.5cm

1　中央のボタン

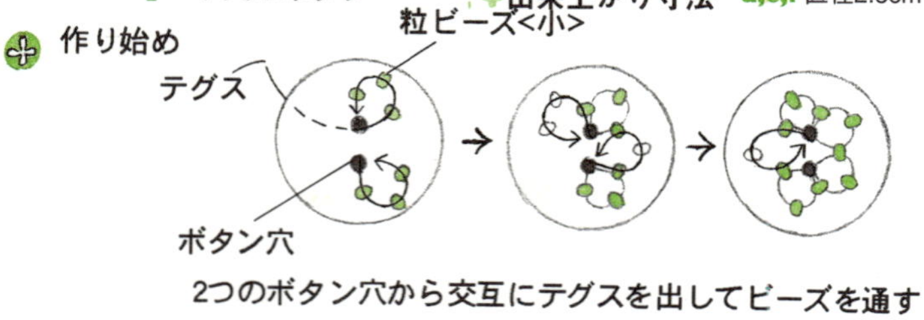

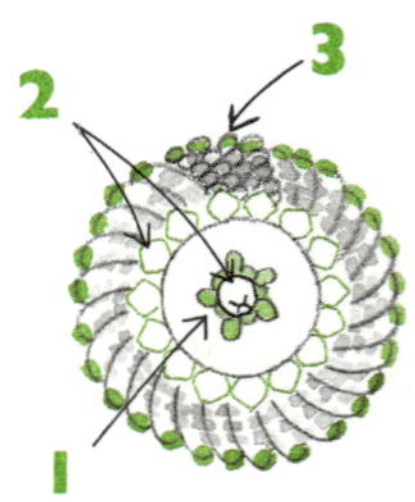

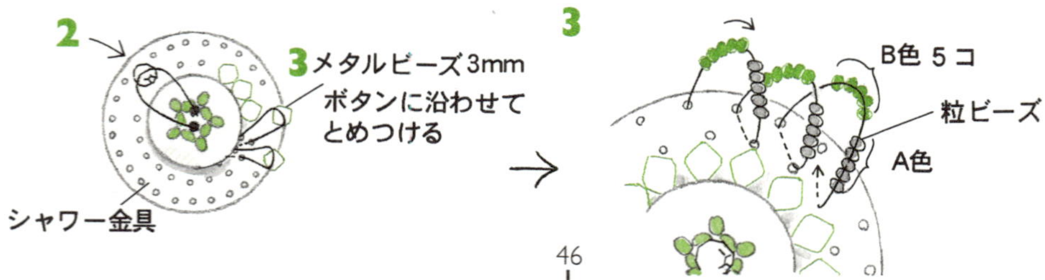

Page9

2

ボタンのシンプルなネックレス

材料　◆ボタン＆ビーズ

a ……… **足つきボタン**直径1.2cm (ブルー) 1個
b ……… **足つきボタン**直径1.2cm (グリーン) 1個
c ……… **カットビーズ**4mm(グリーン) 12個

◆その他

abc共通 (すべてブロンズ)**とめ具**1個　**アジャスター**1本　**ボールチップ**2個　**丸カン**<大>1個　<小>4個　**つぶし玉**2個　**9ピン**1本　**チェーン**40cm　**キャップ**1個

作り方

ab共通　1＊ボタンとキャップを通した9ピンを丸カンでつなぐ。2＊チェーンをつなぎ、金具をつける。
c ……… 1＊ビーズボールを作り、9ピンを丸カンでつなぐ。2＊チェーンをつなぎ、金具をつける。

出来上がり寸法　**a,b,c** 40cm

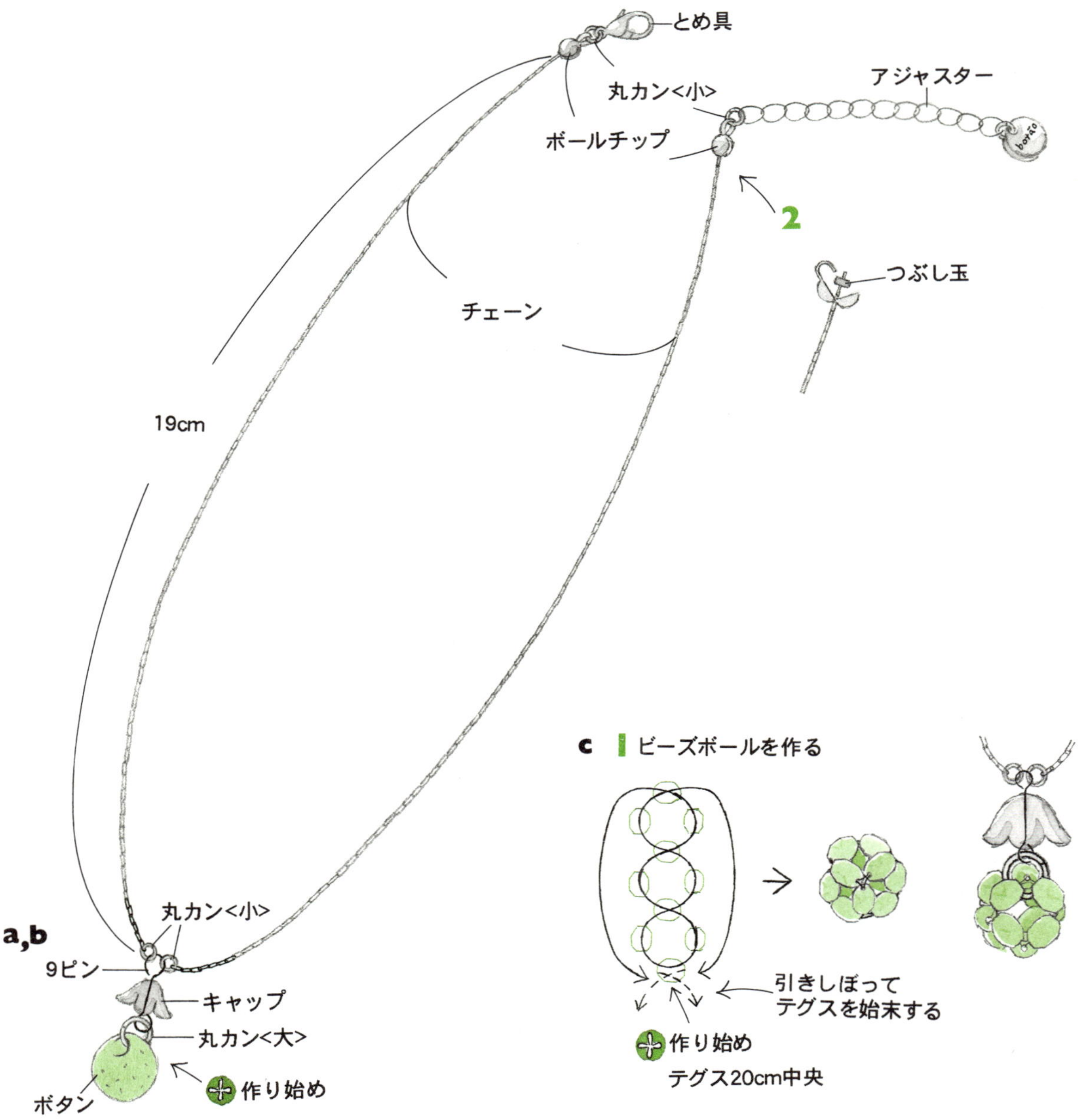

Page14

7

ビーズ編みのチョーカー

材料　◆ボタン＆ビーズ

a……花型ボタンシルバー［<大>直径2.3cm 1個　<小>直径1.8cm 1個］　粒ビーズ<丸>オーロラ440個　<極小>シルバー164個

b……花型ボタンゴールド［<大>直径2.3cm 1個　<小>直径1.8cm 1個］　粒ビーズ<丸>トパーズ440個　<極小>ゴールド164個

◆その他

ab共通（aはゴールド、bはシルバー）

とめ具1個　アジャスター1本　ボールチップ、丸カン、つぶし玉各2個　テグス(#3)245cm(180cm×1　65×1)

作り方

ab共通 1＊センターのパーツを作る。2＊サイド部分を作り、続けてセンターパーツとビーズを通しながらつなげて反対側に続ける。両側に通す。3＊金具をつける。

出来上がり寸法　a,b 26cm

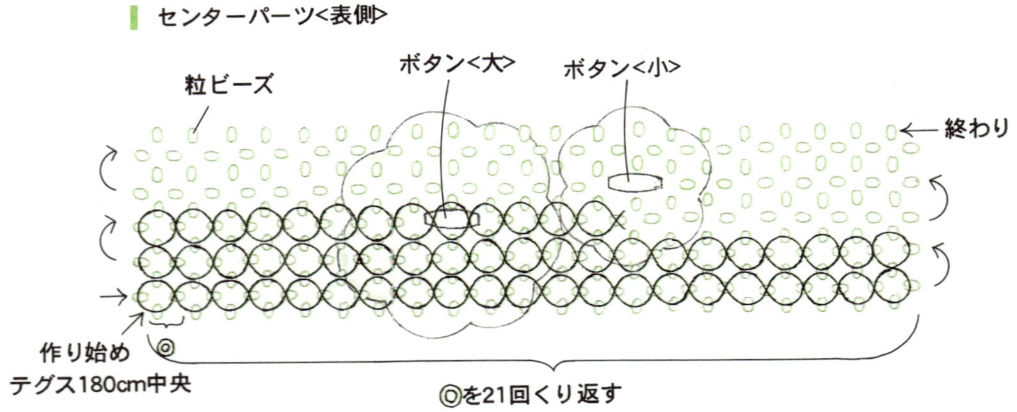

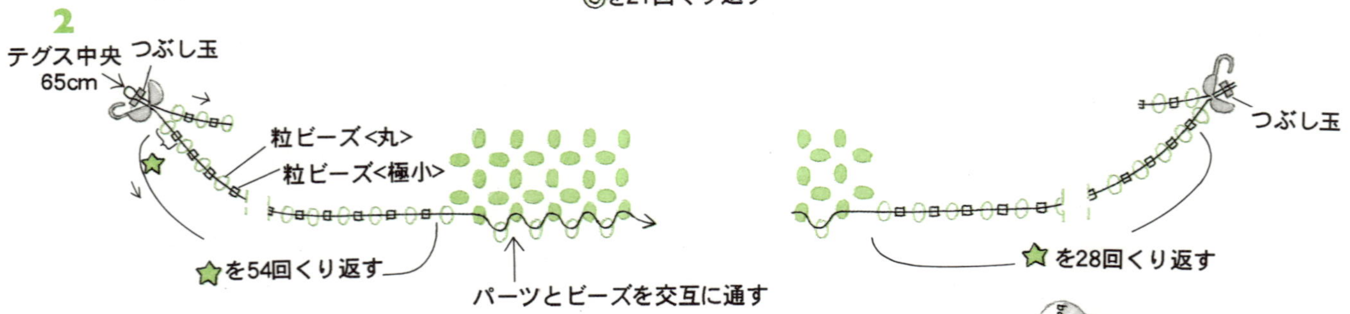

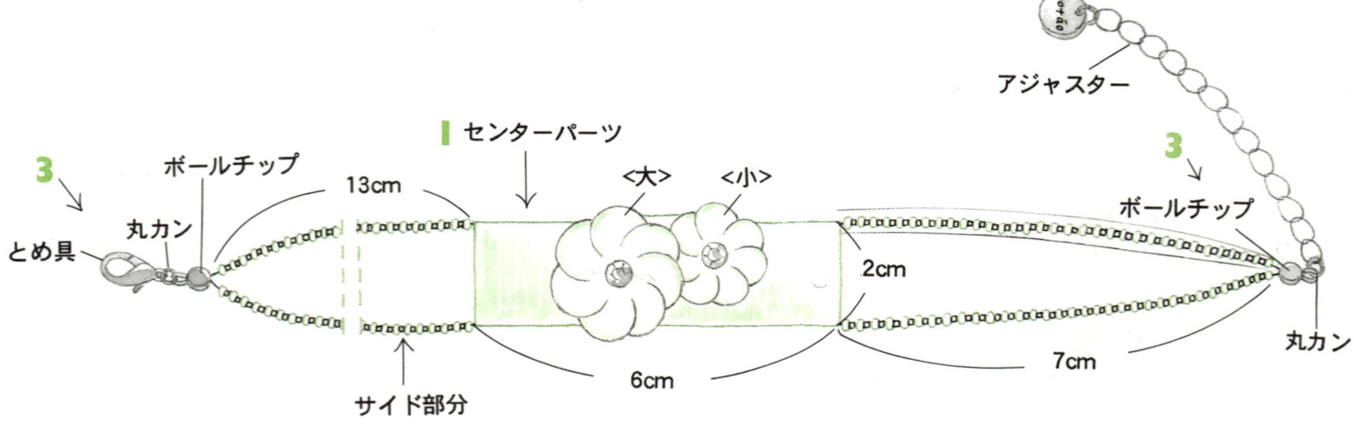

Page15

8

フローストカラーのネックレス◆ブレス◆リング

材料 ◆ボタン＆ビーズ

a ―― **足つきボタン**2.5cm×1.2cm(グリーン)1個 **円盤型ビーズ**6mm［オレンジ色2個 ベージュ2個 グリーン系2個］**プラスチックビーズ**3mm(グレイ)6個

b ―― **足つきボタン**2.5cm×1.2cm(ブルー)1個 **円盤型ビーズ**6mm［オレンジ色2個 グレイ2個 グリーン系2個］**プラスチックビーズ**3mm(グリーン系)4個

c ―― **足つきボタン**2.5cm×1.2cm(ローズピンク)1個 **円盤型ビーズ**6mm［A色(ピンク)2個 B色(オレンジ色) 各2個］

d ―― **足つきボタン**2.5cm×1.2cm(茶色)1個 **円盤型ビーズ**6mm［A色(グリーン系)2個 B色(オレンジ色) 各2個］

◆その他

ab共通(すべてブロンズ)**とめ具**1個 **アジャスター**1本 **ボールチップ**4個 **丸カン**2個 **つぶし玉**4個 **チェーン**<細> **a**66cm(33cm×2) **b** 30cm(15cm×2)

cd共通(ブロンズ)**丸カン**2個 **皮ひも**10.5cm

作り方

ab共通 **1**＊チェーンの端をボールチップでとめてから2本を交差させつつボタンとビーズを通す。**2**＊金具をつける。

cd共通 **1**＊皮ひもにビーズとボタンを通す。**2**＊皮ひもを指のサイズに巻き、丸カンでとめる。

出来上がり寸法 **a** 33cm **b** 15cm **c,d** 5.5cm

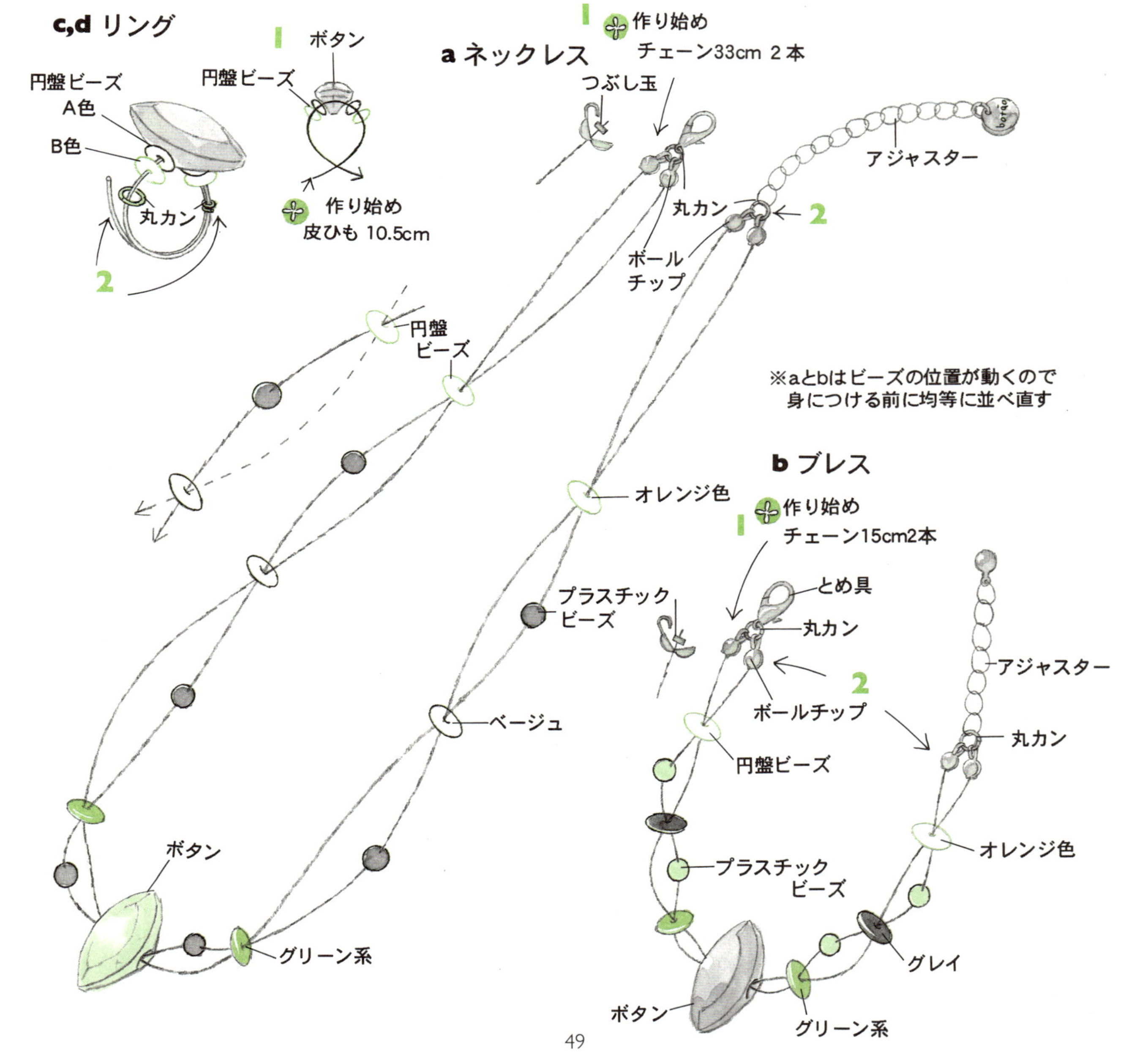

Page16

9

パールビーズでくるんだリング ペンダントとイヤリング

材料 ◆ボタン＆ビーズ

a …… **足つきボタン**直径1cm(ブルー)1個　**パールビーズ**3mm45個　**カットビーズ**だ円3mm(ブルー)4個　**粒ビーズ** <小>ゴールド26個
b …… **足つきボタン**直径1cm(ブルー)1個　**パールビーズ**3mm53個　**粒ビーズ** <小>ゴールド261個
c …… **足つきボタン**直径1cm(グリーン)1個　**パールビーズ**3mm53個　**粒ビーズ** <小>ゴールド261個
d …… **足つきボタン**直径1cm(グリーン)2個　**パールビーズ**3mm60個　**粒ビーズ** <小>ゴールド36個

◆その他

a …… **テグス** (#2)80cm
bc共通 (すべてゴールド)**とめ具**1個　**アジャスター**1本　**ボールチップ**2個　**丸カン**2個　**つぶし玉**2個　**Tピン**1本
テグス (#2)80cm　**ナイロンコートワイヤー**35cm
d …… **イヤリング用金具**(ゴールド)1組　**テグス** (#2)140cm(100cm×1本　40cm×1本)

作り方

a …… 1＊ボタンのモチーフを作る。2＊リング部分を作る。
b,c …… 1＊ボタンのモチーフを作る。2＊1にループをつける。3＊ナイロンコートワイヤーの中央にペンダントトップを通し、両側にビーズを通す。4＊金具をつける。
d …… 1＊ボタンのモチーフを作る。2＊ボンドで金具につける。

出来上がり寸法　a 5.5cm　b,c 30cm

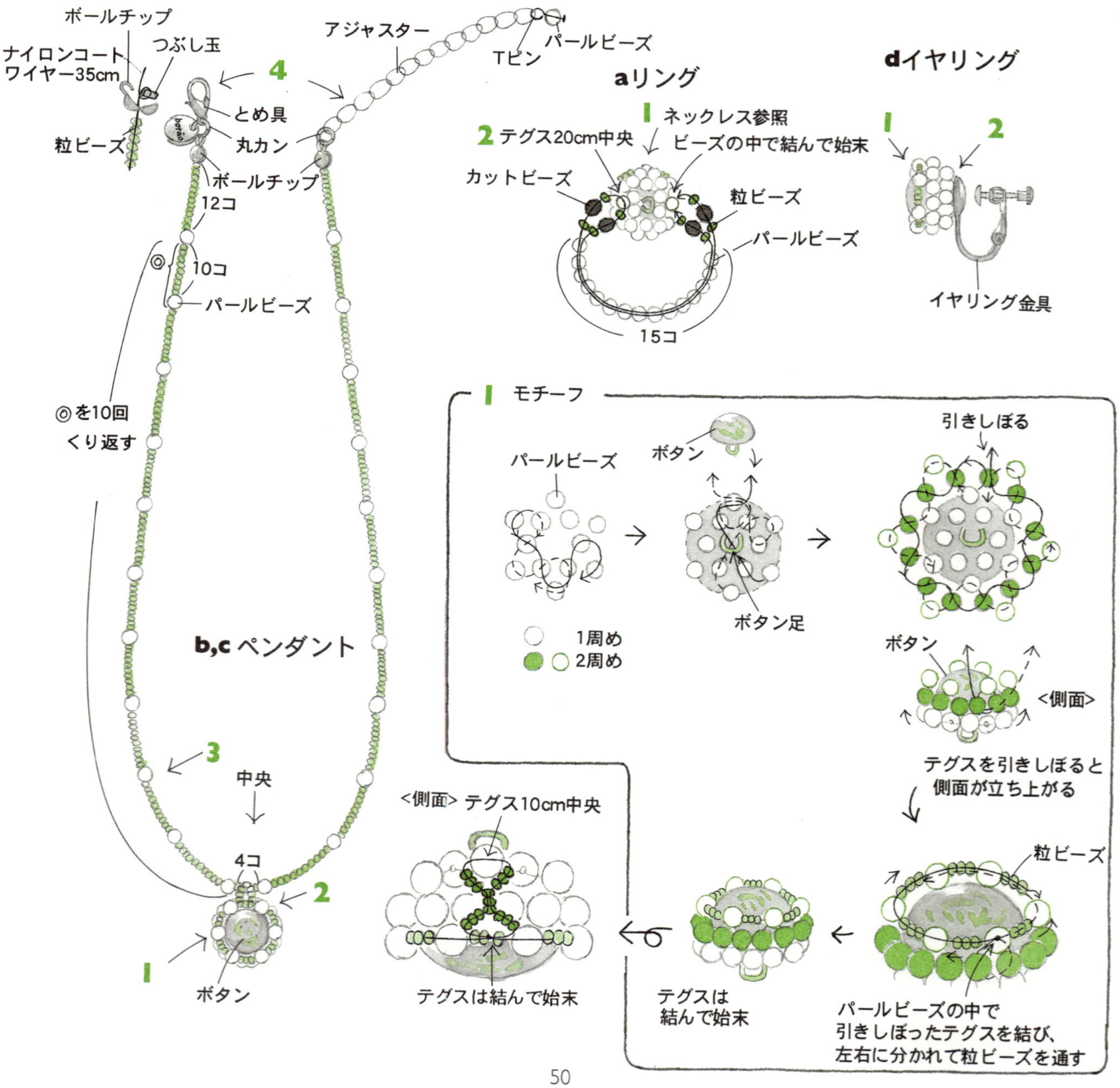

Page17

10

イラスト入りボタンのリングとブレス

材料　◆ボタン＆ビーズ

a ……… **足つきボタン**直径1.3cm(赤)1個　**カットビーズ**だ円3mm(赤)26個　**粒ビーズ** <丸>赤100個

b ……… **足つきボタン**直径1.3cm(ブルー)4個　**カットビーズ**だ円［3mm(黒)50個　6mm（コバルトブルー）1個］　**粒ビーズ** <丸>ブルー320個

c ……… **足つきボタン**直径1.3cm(白)4個　**カットビーズ**だ円［3mm(グリーン)50個　6mm（グリーン）1個］　**粒ビーズ** <丸>グリーン 320個

◆その他

a ……… **テグス** (#3)100cm

bc共通 (bブロンズ　cいぶし銀)**とめ具**1個　**アジャスター**1本　**ボールチップ**2個　**丸カン**2個　**つぶし玉** 2個　**Tピン** 1本　**ナイロンコートワイヤー** 120cm(60cm×2)　**テグス** (#3)100cm

作り方

a ……… 1＊テグス100cmでボタンとビーズを通しながら図のように編み、通し始めのビーズにもう一度通して全体を輪にする。2＊続けてボタンをくぐらせながら飾りの部分を編む。編み終わったらテグスを始末する。

bc共通 1＊ナイロンコートワイヤーの端をボールチップでとめ、ボタンとビーズを通しながら図のように編む。反対側もボールチップで始末する。2＊テグス100cmで、中央部分を飾るようにボタンをくぐらせながらビーズを編む。このとき、1で通したビーズと、ボタンの間を通す。3＊金具をつける。

出来上がり寸法 a 5.5cm b,c 17cm

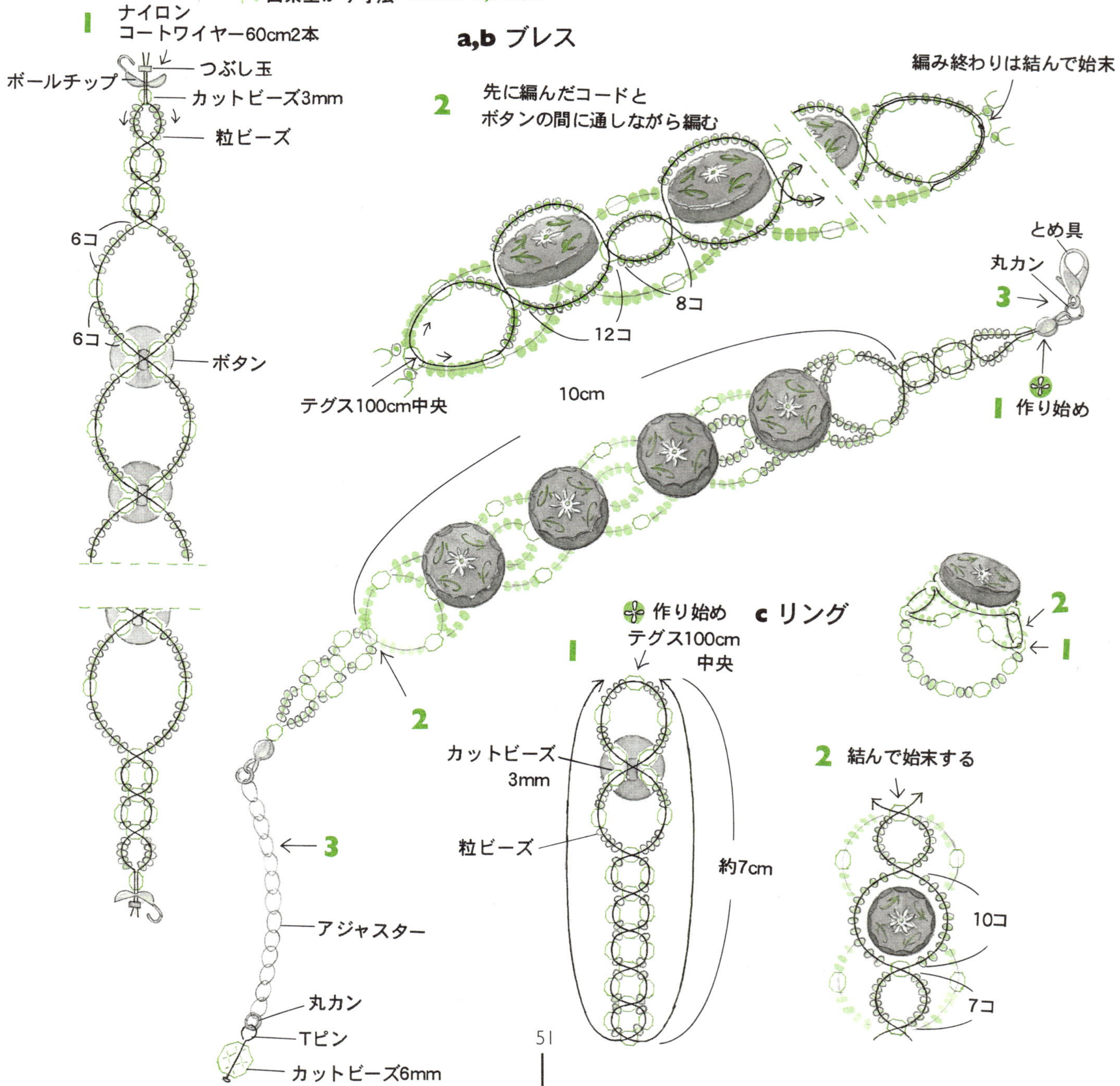

Page18

11 アイアンボタンのネックレスとピアス

材料　◆ボタン＆ビーズ

a ── **足つきボタン花型**<大>直径2cm(ゴールド)１個　<小>直径1.5cm(ゴールド)2個　**そろばん型ビーズ** 4mm(グリーン)14個　**カットビーズ**しずく型8mm(ブラウン)10個　**粒ビーズ**<丸>赤44個

b ── **足つきボタン花型**<小>直径1.5cm(ゴールド)2個　**そろばん型ビーズ** 4mm(オレンジ色)2個　**カットビーズ**しずく型8mm(ブラウン)2個　**粒ビーズ**<丸>赤6個

c ── **足つきボタン花型**<小>直径1.5cm(いぶし銀)2個　**そろばん型ビーズ** 4mm(グリーン)2個　**カットビーズ**しずく型8mm(パープル)2個　**粒ビーズ**<丸>赤6個

d ── **足つきボタン花型**<大>直径2cm(いぶし銀)１個　<小>直径1.5cm(いぶし銀)2個　**そろばん型ビーズ** 4mm(グリーン)14個　**カットビーズ**しずく型8mm(パープル)10個　**粒ビーズ**<丸>グレイ44個

◆その他

ad共通 (aゴールド　dいぶし銀)**とめ具**1個　**アジャスター**1本　**丸カン**6個　**Tピン**18本　**9ピン**4本　**チェーン**26cm

bc共通 (b ゴールド　c いぶし銀)**丸カン**<大>2個　<小>2個　**Tピン**2本　**ピアス金具**1組

作り方

a,d ── 1＊パーツを作る。2＊9ピンにパーツとビーズを通して曲げながら、ボタンとチェーンにつなぐ　。3＊ボタンに飾りをつけ、チェーンに金具をつける。

b,c ── ボタンにビーズを通したピンとピアス金具をつける。

出来上がり寸法　a,d 36cm　b,c 3.5cm

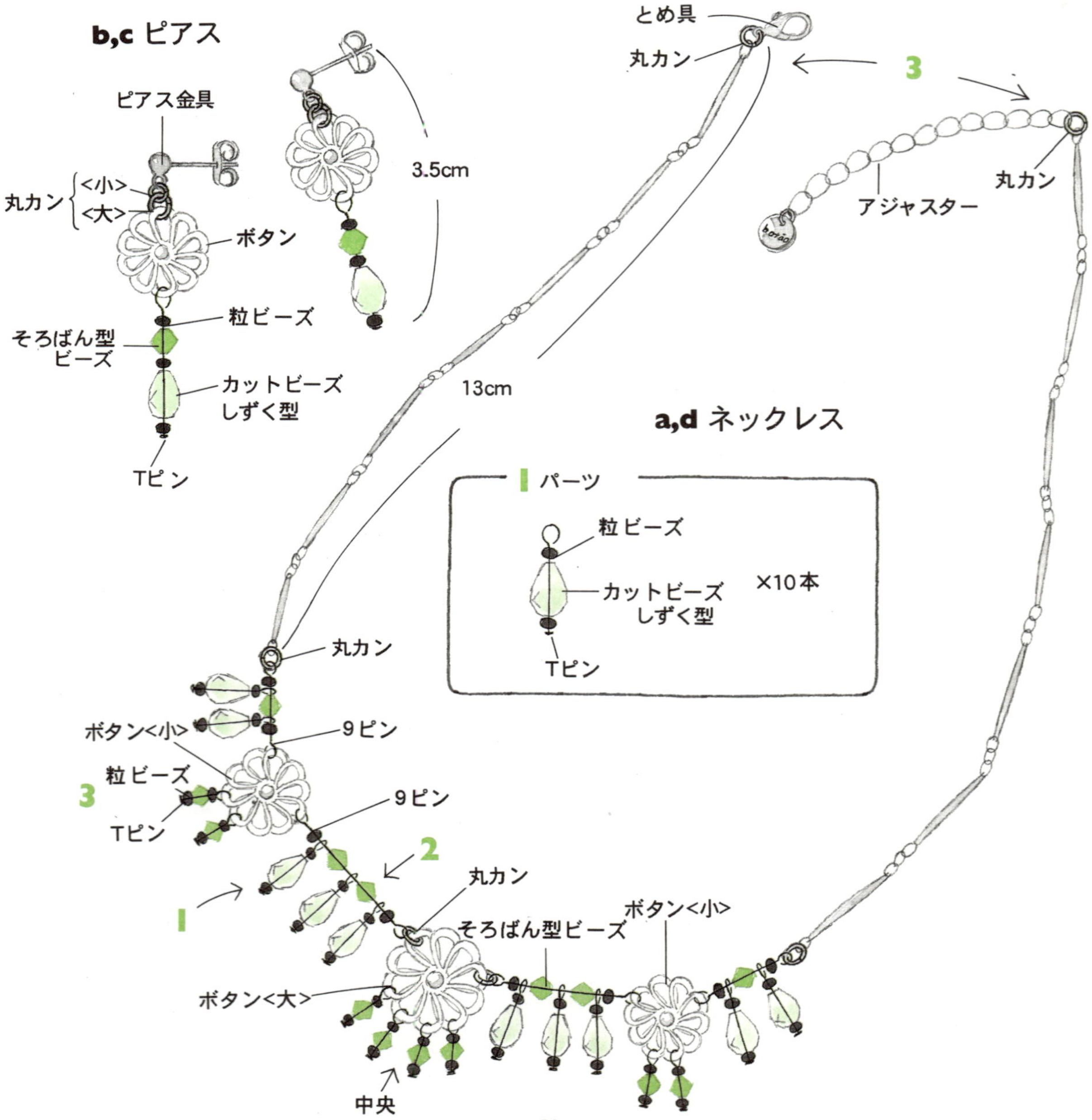

Page19

12 テントウムシと葉っぱのペンダントとリング

材料 ◆ボタン＆ビーズ

a ……… **貝ボタン**<大>直径2cm(ピンク)、<小>直径1.5cm(濃ピンク)、<極小>直径1cm(白)、**テントウムシボタン**直径1cm(水色)　各１個
プラスチックパーツ<花> 直径6mm(オレンジ色)１個　<葉>15mm(グリーン)1個　**粒ビーズ**<丸>オレンジ色3個

b ……… **貝ボタン**<大>直径2cm(ピンク)、<小>直径1.5cm(濃ピンク)、**テントウムシボタン**直径1cm(水色)　各１個
プラスチックパーツ<花> 直径6mm(オレンジ色)１個　<葉>15mm(グリーン)1個　**粒ビーズ**<丸>オレンジ色3個

c ……… **貝ボタン**<大>直径2cm(グリーン)、<小>直径1.5cm(淡オレンジ)、**テントウムシボタン**直径1cm(赤)　各１個
プラスチックパーツ<花> 直径6mm(黄色)１個　<葉>15mm(グリーン)1個　**粒ビーズ**<丸>こげ茶3個

◆その他

a ……… (ブロンズ)**とめ具**1個　**アジャスター**1本　**Vカップ**2個　**ボールチェーン**44cm　**丸カン**<大>1個　<小>2個
テグス (#3)30cm

bc共通 (ブロンズ)**皿付きリング金具**1個　**テグス** (#3)30cm

作り方

a ……… 1＊モチーフ部分を作る。うら側に貝ボタン<極小>をつけて、テグスをかくす。2＊ボールチェーンに金具をつけ、モチーフとつなぐ。

b,c ……… 1＊モチーフ部分を作る。2＊ボンドでリングにつける。

出来上がり寸法　a 44cm　b,c フリーサイズ

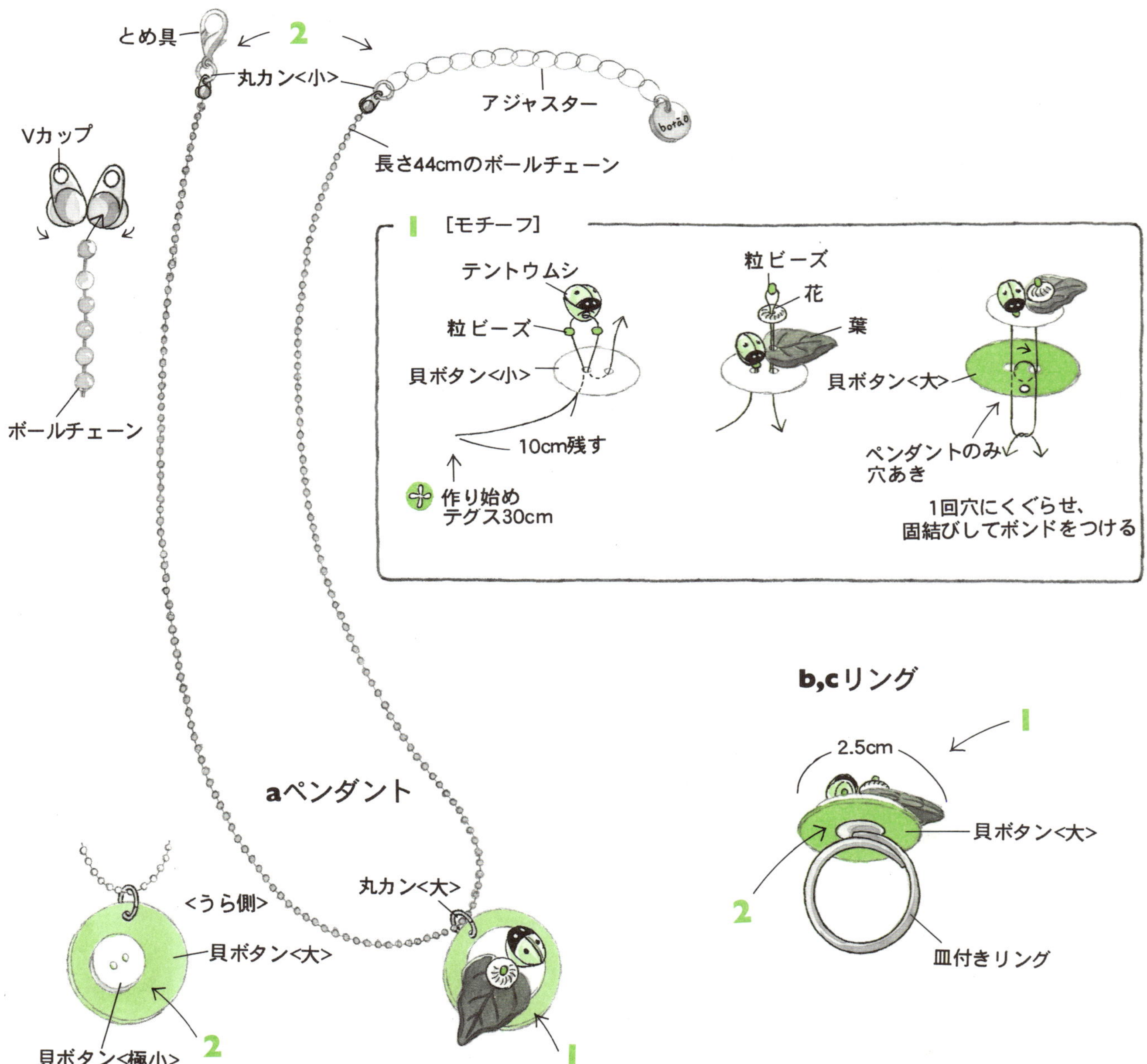

Page20

13 イラストボタンのストラップ

材料　◆ボタン＆ビーズ

a　**足つきボタン**直径1.5cm(いぶし金)1個　**カットビーズ**だ円4mm［ブラウン4個　赤2個］だ円3mm(赤)8個　**そろばん型ビーズ**4mm(ダークブラウン)3個　**粒ビーズ**<大・カット>［グリーン8個　ベージュ8個］　**竹ビーズ**<五厘>ゴールド33個

b　**足つきボタン**直径1.3cm(パープル)1個　**カットビーズ**平6mm［ライトアメジスト3個　ブルーグレイ2個］だ円4mm(パープル)2個　**粒ビーズ**<大>［ブラウン8個　パープル8個］**竹ビーズ**<五厘>ゴールド38個

c　**足つきボタン**直径1.3cm(ベージュ)1個　**マットグラスビーズ**9mm(パープル)3個　**カットビーズ**だ円5mm(パープル)4個　**グラスビーズ**4mm［グリーン2個　ベージュ2個］　**粒ビーズ**<カット>トパーズ22個

d　**テントウムシボタン**直径1.2cm(水色)1個　**カットビーズ**だ円6mm(ライトブルー)2個　**粒ビーズ**<大>［ベージュ44個　水色21個］

e　**足つきボタン**直径1.3cm(白)1個　**カットビーズ**平6mm［グリーン3個　赤4個　ライトアメジスト2個］　**粒ビーズ**<カット>ゴールド8個　<丸>赤24個

◆その他

共通　**ストラップパーツ**1個(a 赤、b～e ベージュ)　**つぶし玉**2個(a,b ガンメタ、c,dシルバー、e ブロンズ)　**テグス**(#3)40cm(d のみ60cm)

作り方

a～c,e　1＊テグスにビーズを通し、つぶし玉、ビーズ、ボタンを図のように通す。2＊ストラップパーツにテグスを通し、上下のつぶし玉をつぶして始末する。3＊下のつぶし玉の元で余分なテグスをカットする。

d　1＊テグス2本で図のように編む。2＊4本をつぶし玉に通してつぶす。3＊ストラップパーツには2本だけを通し、つぶし玉をつぶす。余分なテグスはカットする。

出来上がり寸法　a 12cm　b,c 10cm　d8cm　e10cm

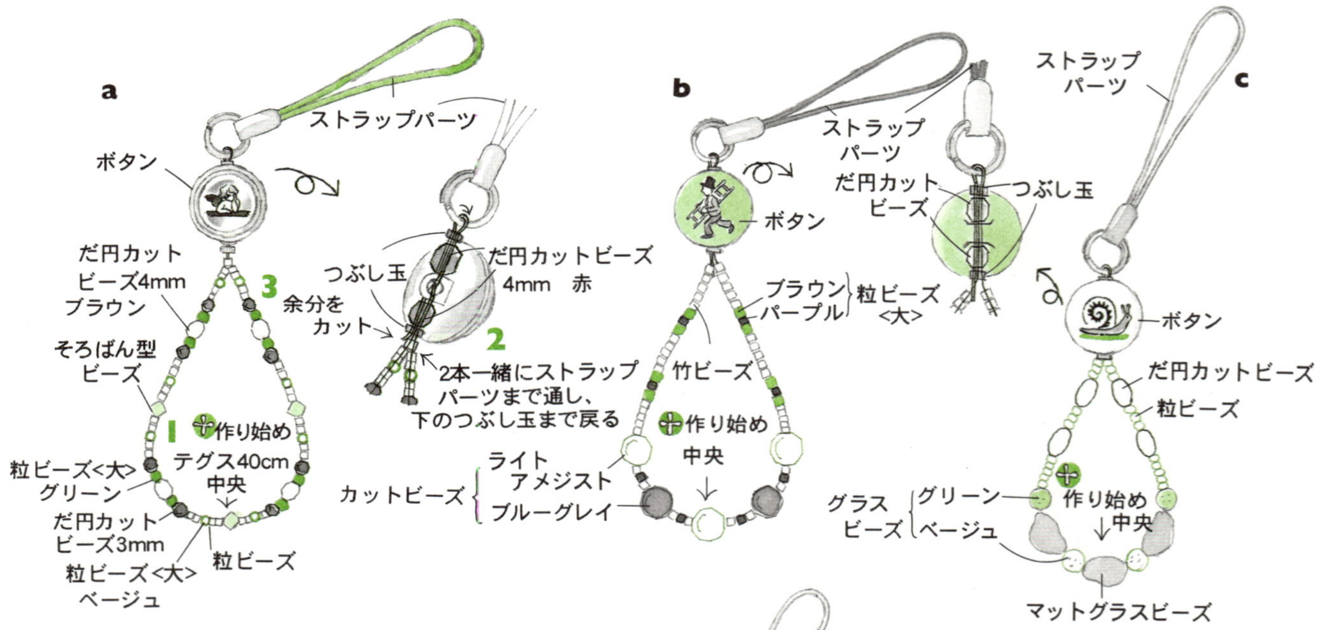

b c eはaの作り方を参照する

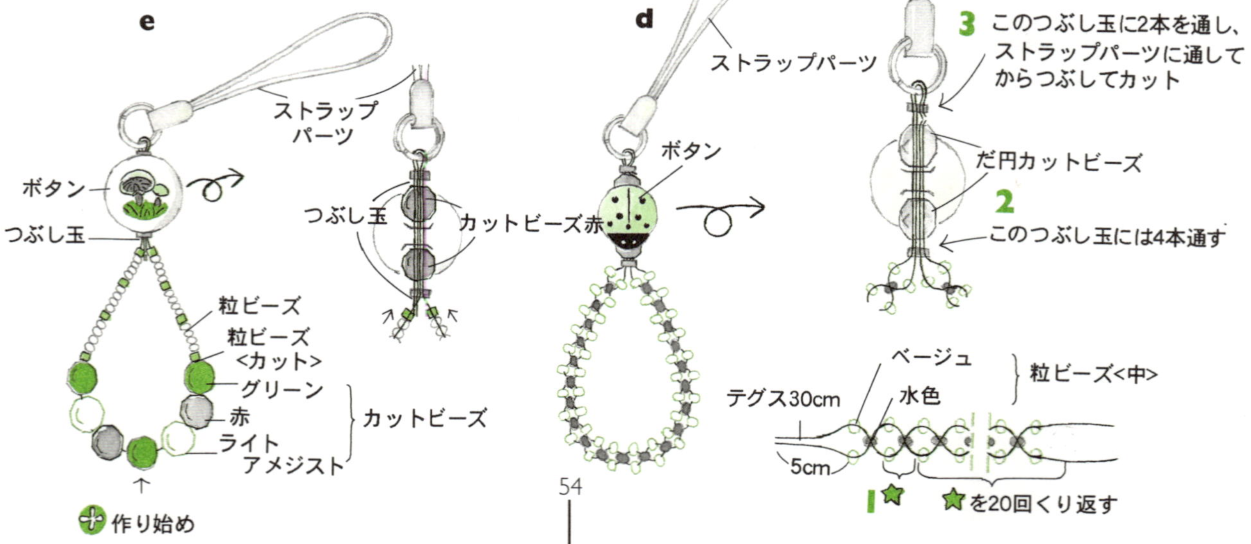

Page22

15

リボンを通した リング◆ブレス◆チョーカー

材料　◆ボタン＆ビーズ

a　**足つきボタン**直径1.5cm(シルバー系)1個　**粒ビーズ**<カット・大>［パープル10個　黒8個］
b　**足つきボタン**直径1.5cm(シルバー系)1個　**粒ビーズ**<カット・大>［パープル20個　黒18個］
c　**足つきボタン**直径1.5cm(シルバー系)1個　**粒ビーズ**<カット・大>［パープル30個　黒31個］

◆その他

abc　**ベルベットリボン**幅7mm(パープル)1個a 7.5cm　b 15cm　c 31cm　**チェーン**(黒)a 7.5cm　b 15cm　c 31cm
縫い糸(ブラウン)適宜
bc共通(いぶし銀)　**とめ具**1個　**アジャスター**1本　**ひもどめ**2個　**丸カン**<大>2個　<小>2個

作り方

b,c　1＊チェーンの中央部分にテグスで粒ビーズをとめつける。途中、中心でボタンをチェーンに通す。2＊足つきボタンの両側でチェーンとリボンを一緒に丸カンでとめる。3＊チェーンをリボンに糸で4カ所とめる。4＊金具をつける。

a　1＊b,cと同様に作る。2＊リボンの端を1cm重ねてとじ合わせ、輪にする。3＊チェーンとボタンをリボン4カ所で縫いとめる。

出来上がり寸法　a6.5cm　b 16cm　c32cm

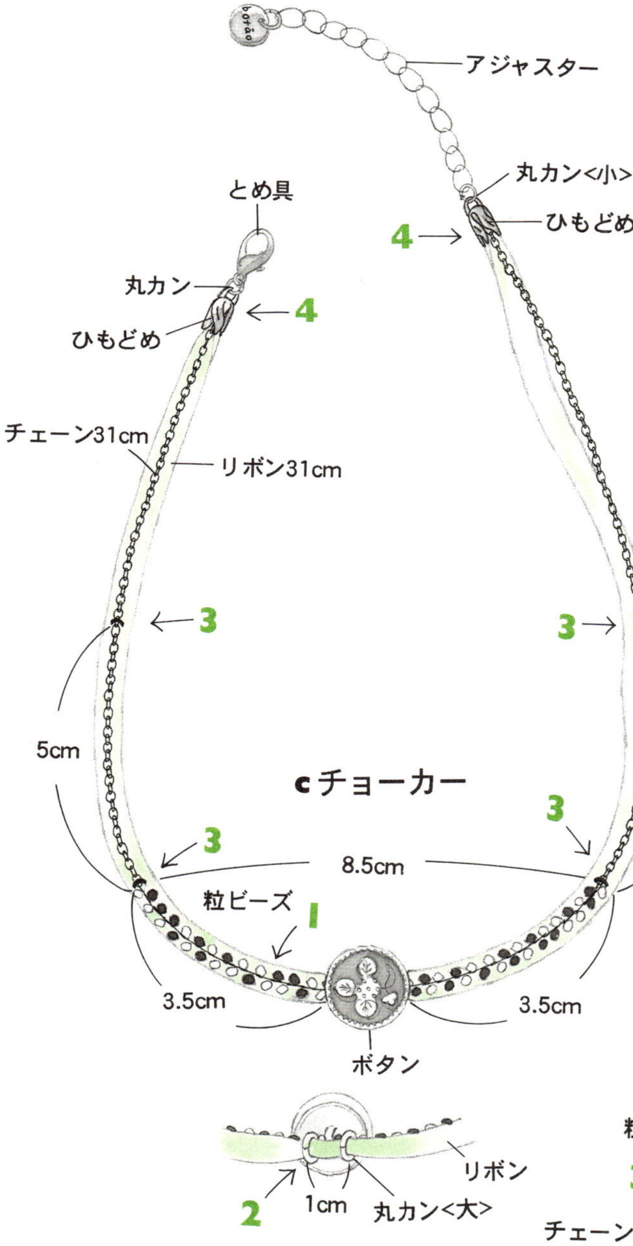

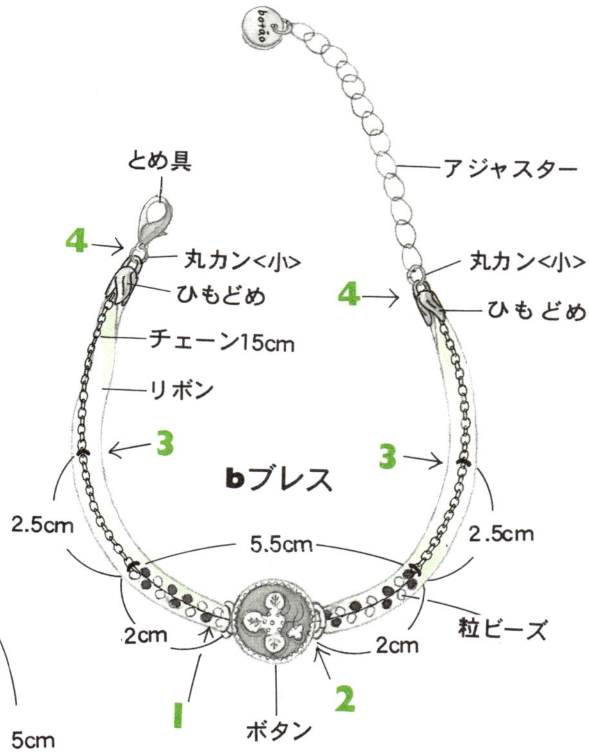

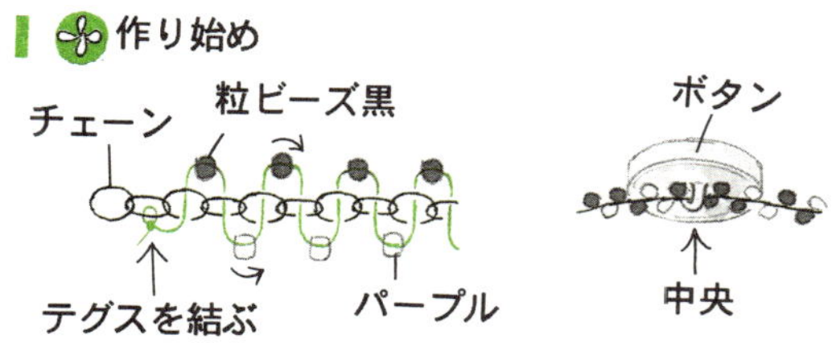

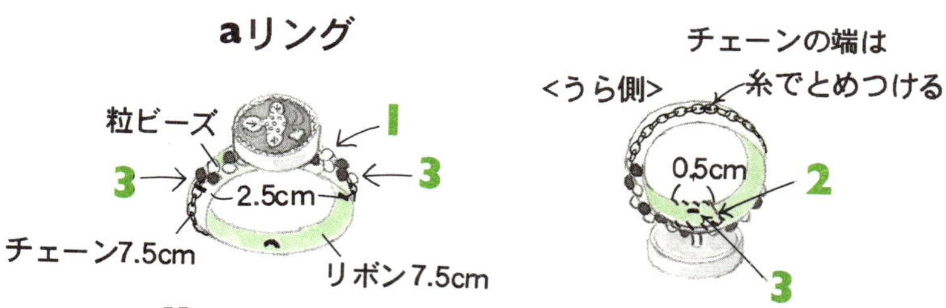

Page21

14

ボタンをポイントにしたリングいろいろ

材料　◆ボタン＆ビーズ

Ⅰ……**足つきボタン**直径1cm(**a**グリーン　**b**パープル　**c**オレンジ色)1個　**カットビーズ**丸4mm(**a**グリーン　**b**パープル　**c**オレンジ色) 4個 **カットビーズ**だ円3mm［**a**A色グレイ13個　B色ベージュ8個　**b**A色赤13個　B色オレンジ色8個　**c**A色グリーン13個　B色ベージュ8個］　**そろばん型ビーズ**3mm［**a**A色ベージュ4個　B色オレンジ色2個　**b**A色ベージュ4個　B色パープル2個　**c**A色ベージュ4個　B色グリーン2個］**粒ビーズ**ゴールド(**a,b**<カット> **c**<丸>) 36個

Ⅱ……**足つきボタン**長さ2.5cm(**a**ベージュ　**b**ピンク)1個　**カットビーズ**丸4mm(**a**オレンジ色　**b** パープル) 6個 **カットビーズ**だ円［3mm(**a**オレンジ色　**b**クリスタル) 20個　4mm(**a**オレンジ色　**b**淡グレイ) 2個］　**染めパール**3mm(**a**ベージュ　**b**赤) 2個　**粒ビーズ**<丸>(**a**赤　**b**パープル)26個　<カット>(**a,b**ゴールド)24個

Ⅲ……**足つきボタン**［**a**1.5cm角(イエロー)1個　**b**1.5cm角(グリーン)1個　**c**1cm×1.7cmオーバル(ピンク)1個

◆その他

Ⅰ Ⅱ**共通テグス** (#2)60cm

Ⅲ……**皮ひも** 直径1.2cm(黒)25cm　**丸カン**(いぶし金)2個

作り方

Ⅰ Ⅱ……図のようにボタンとビーズをテグスで編む。

Ⅲ……皮ひもにボタンを通し、指に合わせて調節し、丸カンでとめる。

出来上がり寸法　Ⅰ 5.5cm　Ⅱ 5.5cm　Ⅲ 5.8cm

Ⅰ

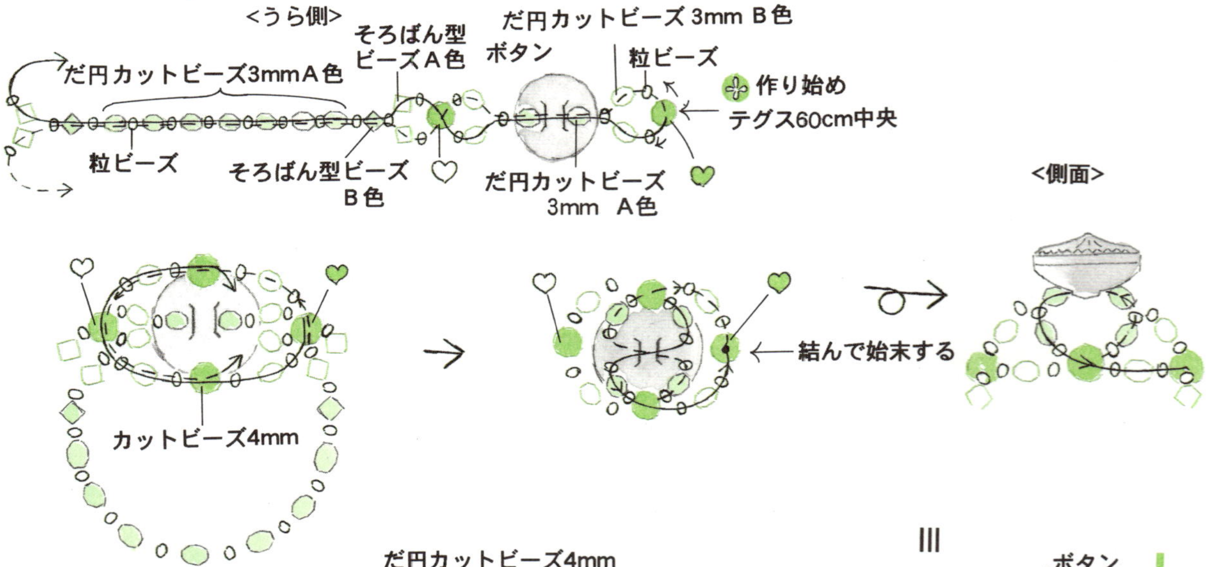

Ⅱ

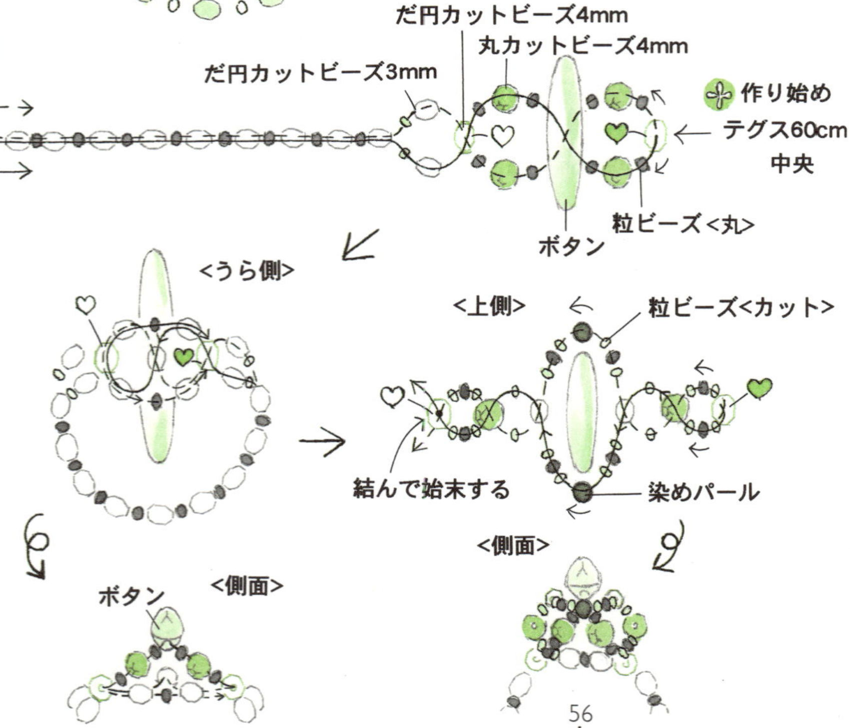

Ⅲ

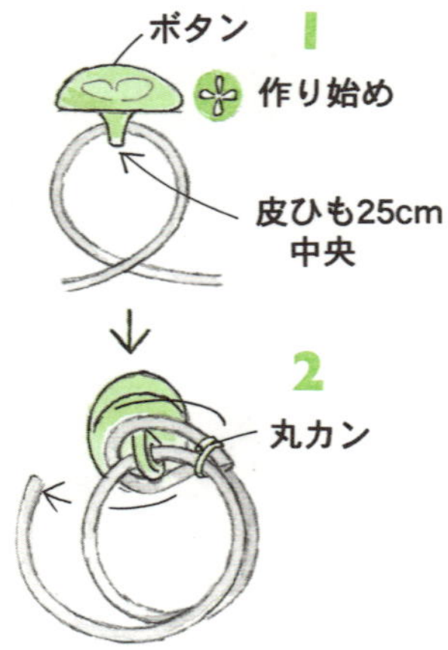

Ⅳ

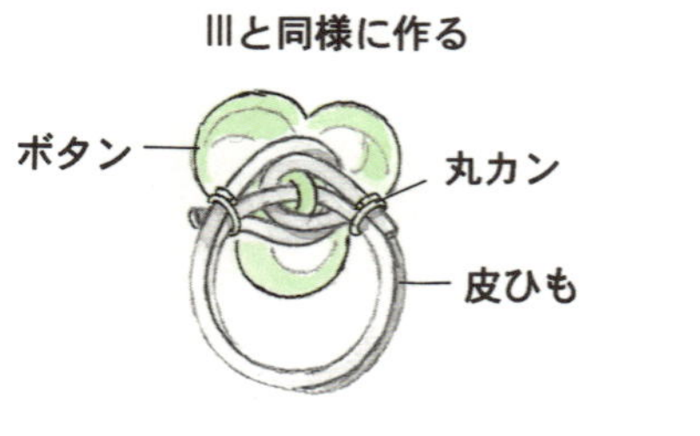

Page21

14 ボタンをポイントにしたリングいろいろ

材料　◆ボタン＆ビーズ

Ⅳ……足つきボタン直径2cm［a(シルバー)1個　b(ゴールド)1個］
Ⅴ……ひとつ穴ボタン直径1cm(淡グレイ)１個　竹ビーズ<一分>クリアー26個　粒ビーズ<丸>ブルー2個
Ⅵ……足つきボタン直径1cm(aパープル　b赤　cブルー)1個　カットビーズだ円［6mm(aパープル　b赤　c濃ブルー）各2個 4mm(a淡パープル　b赤　cブルー)2個　3mm(a淡グレイ　b赤　cブルー)7個］　そろばん型ビーズ6mm(aパープル　b赤　c淡グレイ)2個　染めパール3mm(aピンク　b赤　cブルー)8個　粒ビーズ<大>(aイエロー　bイエロー　cグレイ)4個　<丸>(aパープル　bオレンジ色　cグレイ)20個

◆その他

Ⅳ……皮ひも直径1mm(黒)25cm　丸カン(いぶし金)2個
Ⅴ……ワイヤー(<細>ブロンズ　赤)各80cm　<太>赤110cm
Ⅵ……abc共通テグス(＃３)60cm

作り方

Ⅳ……3を参照し、皮ひもで作る。
Ⅴ……先にパーツを作り、ワイヤーをボタンの穴に通しながらパーツを固定する。リング部分もワイヤーで作る。
Ⅵ……図のようにボタンとビーズをテグスで編む。

出来上がり寸法　Ⅳ, Ⅴ, Ⅵ指まわり5.5cm

Ⅴ

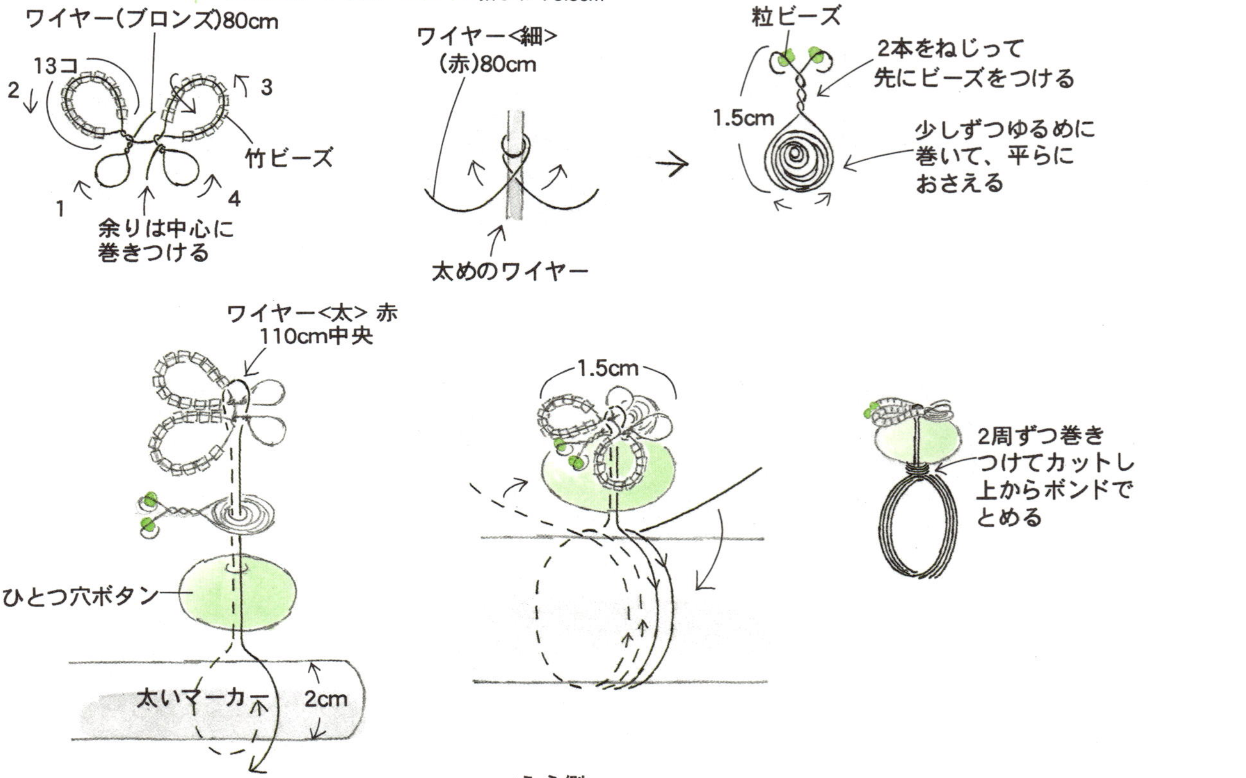

Ⅵ

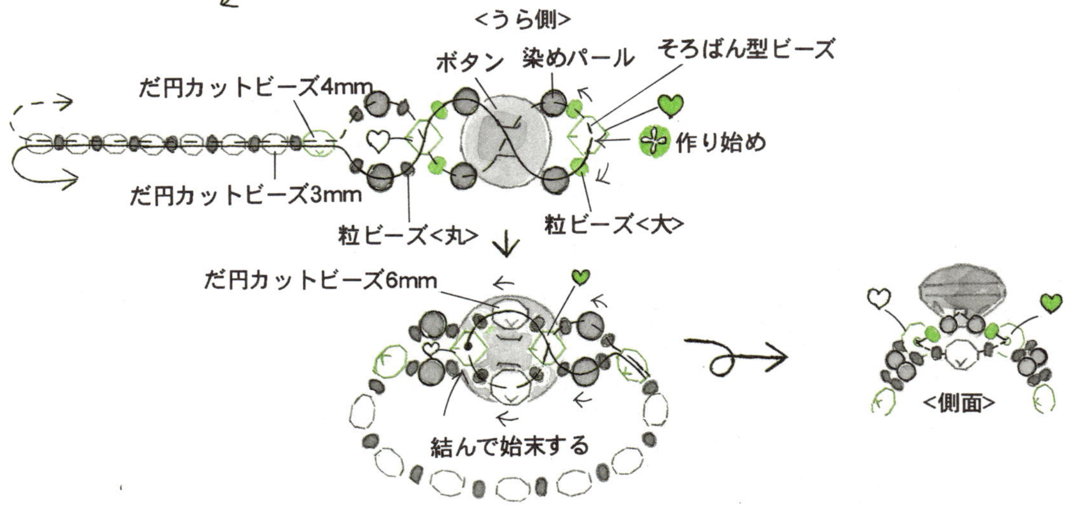

Page25

16

花モチーフのチョーカー
ブレス◆リング

材料　◆ビーズ＆ビーズ

a　カットビーズ丸6mm(トパーズ)１個　だ円3mm(ピンクメタル)42個　そろばん型ビーズ3mm(トパーズ)6個　粒ビーズ<大>(ゴールド)12個　竹ビーズ<五厘>ピンク136個

◆その他

a　テグス(＃3)100cm

作り方

a　1＊トップを作る。二重の花びらのようになるように編む。2＊中央のビーズを通し、花びらが輪になるようビーズを通してつなぐ。3＊リング部分を続けて編む。

出来上がり寸法　a 5.5cm

aリング

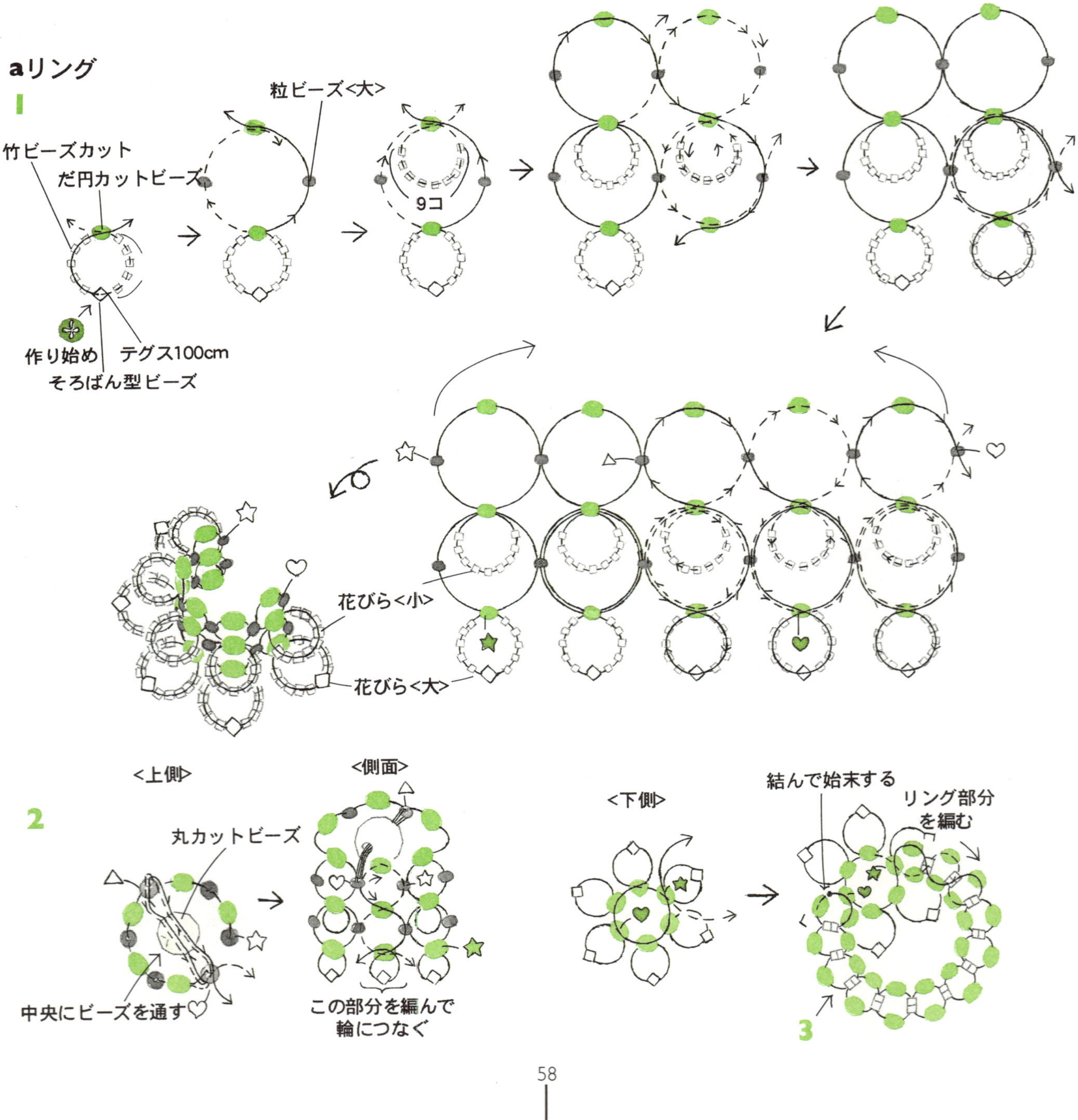

Page25
16
花モチーフのチョーカー
ブレス◆リング

◆材料　◆ビーズ＆ビーズ

b　デザインビーズ10mm×13mm(ブルー)１個　カットビーズ丸6mm(ブルー)3個　丸4mm(ブルー)4個　だ円4mm(ブルーグレイ)12個　だ円3mm(ライトブルー)20個　メタルビーズ4mm(ブルーグレイ)4個　粒ビーズ<丸>ガンメタ8個　竹ビーズ<五厘>ライトブルー331個

◆その他

b　テグス(＃3)150cm(50cm×3本)

◆作り方

b　1＊中心のモチーフを作る。2＊バンド部分を作りながらモチーフにつなぐ。

◆出来上がり寸法　b 18cm

b ブレス

1 [中心のモチーフ]

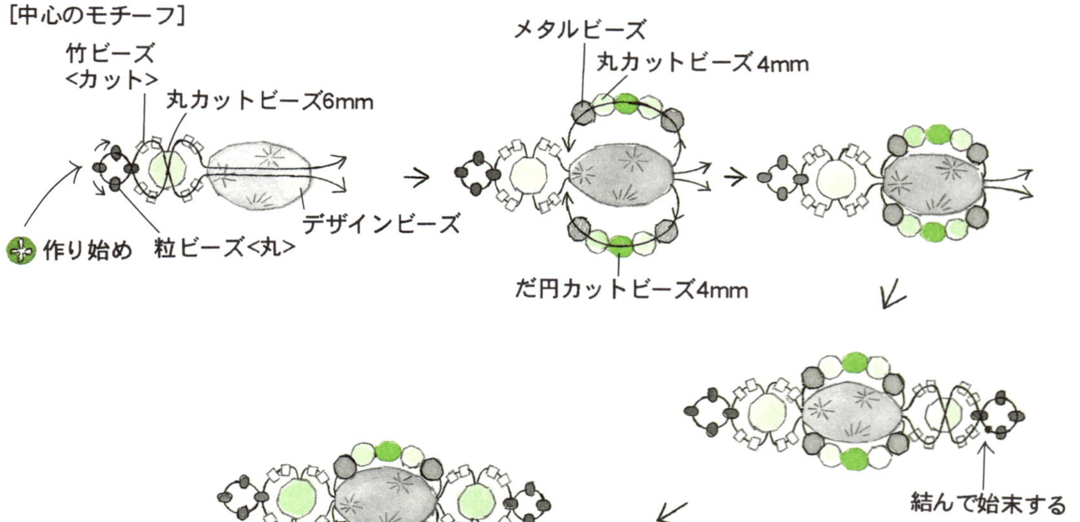

2

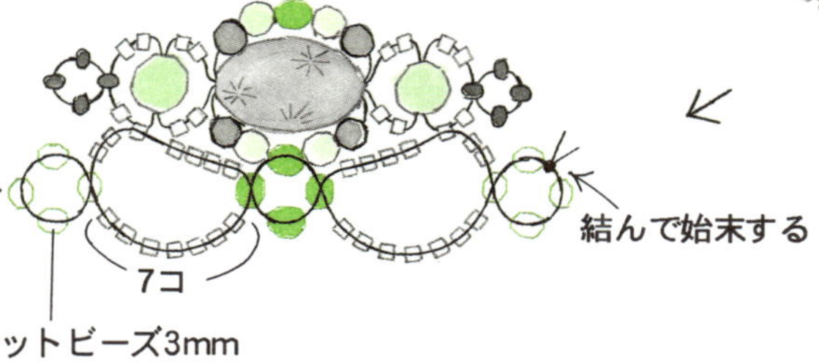

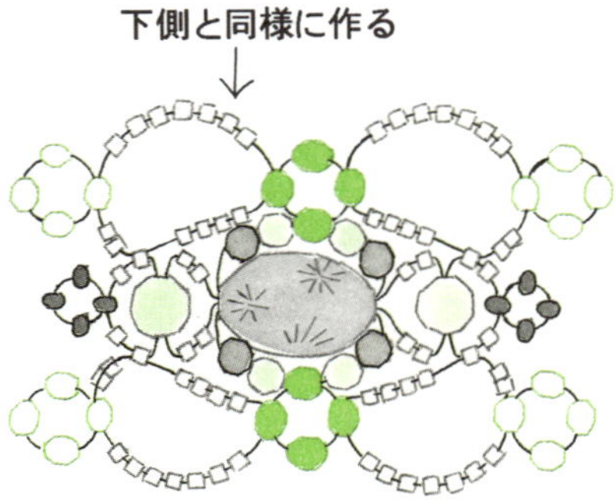

3

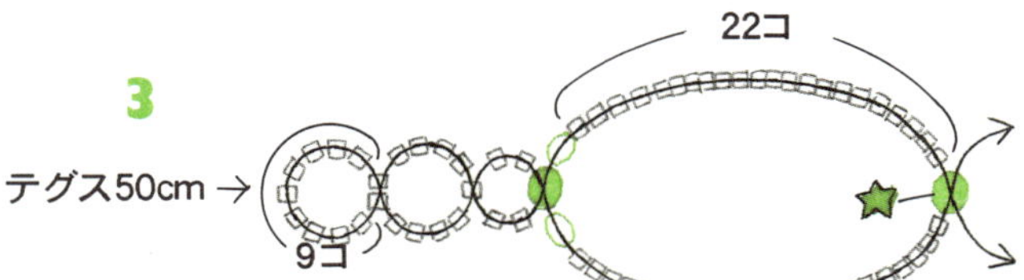

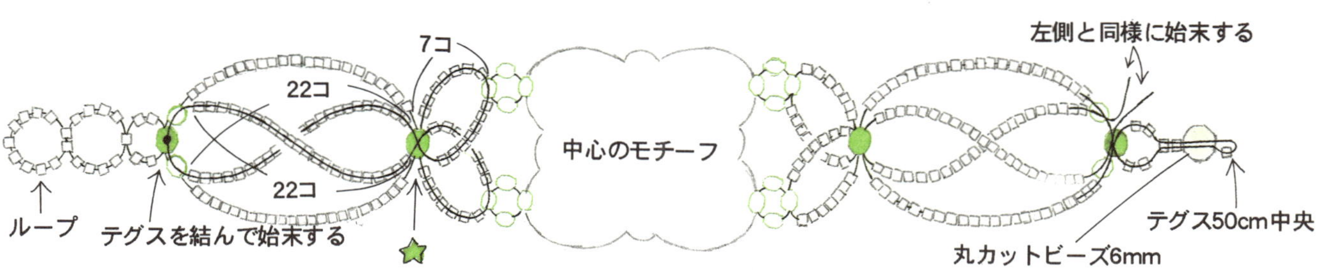

Page27

17

ハートモチーフのアンサンブル

材料 ◆ビーズ＆ビーズ

de共通 カットビーズだ円［4mm(dパープル eクリスタル)8個］ 3mm［(dパープル eシルバー) 12個 (dグレイ eクリスタル)32個］ 粒ビーズ<丸>dベージュ eグレイ 14個

bc共通 カットビーズ丸［6mm(bパープル cアクアブルー)1個］ だ円［4mm(bグレイ cオーロラ) 2個 3mm(bパープル cシルバー) 62個 (bグレイ cクリスタル) 44個］ 粒ビーズ<丸>bベージュ cグレイ 77個 竹ビーズ<五厘>ピンクオーロラ cシルバー 58個

◆その他

de共通 テグス(#3)110cm(60×1本 50×1本)

bc共通 (すべてシルバー)引き輪1個 アジャスター1本 丸カン2個 つぶし玉2個 Tピン1本 テグス(#3)100cm ナイロンコートワイヤー60cm(30cm×2本)

作り方

de共通 bc共通 1＊ハートのモチーフを作る。2＊リング部分、サイド部分を作る。3＊リングはテグスを始末する。ブレスは金具をつける。

出来上がり寸法 d,e5.8cm b,c 15cm

d,eリング

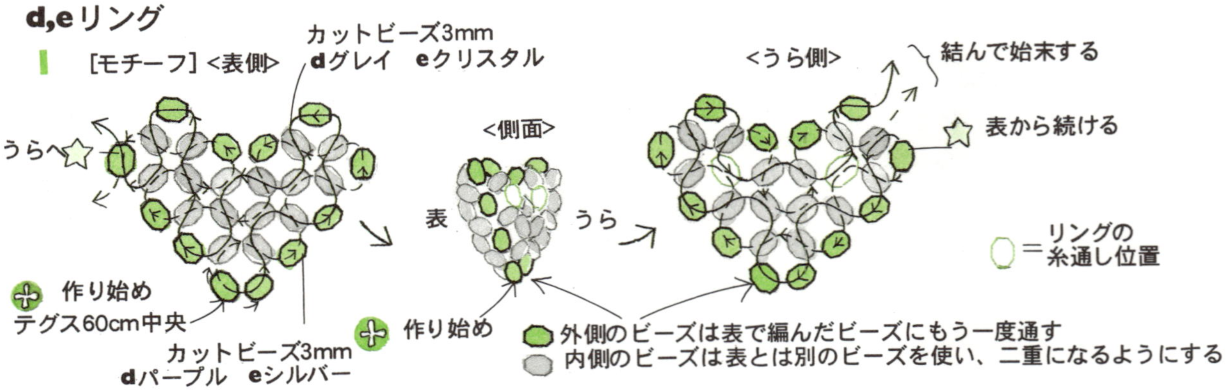

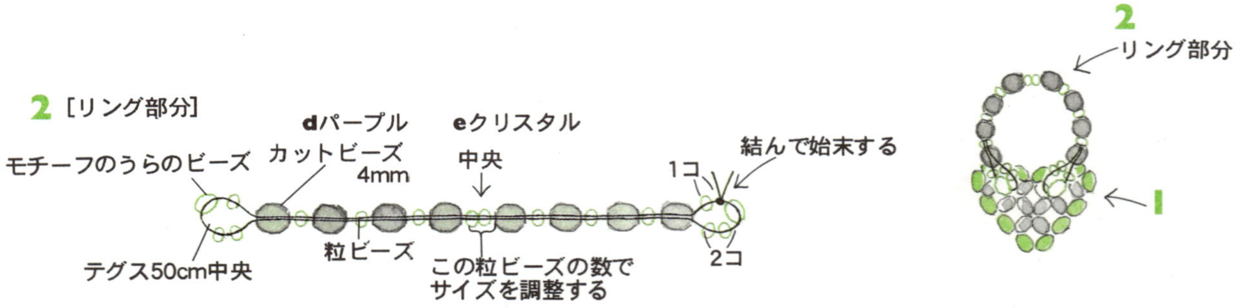

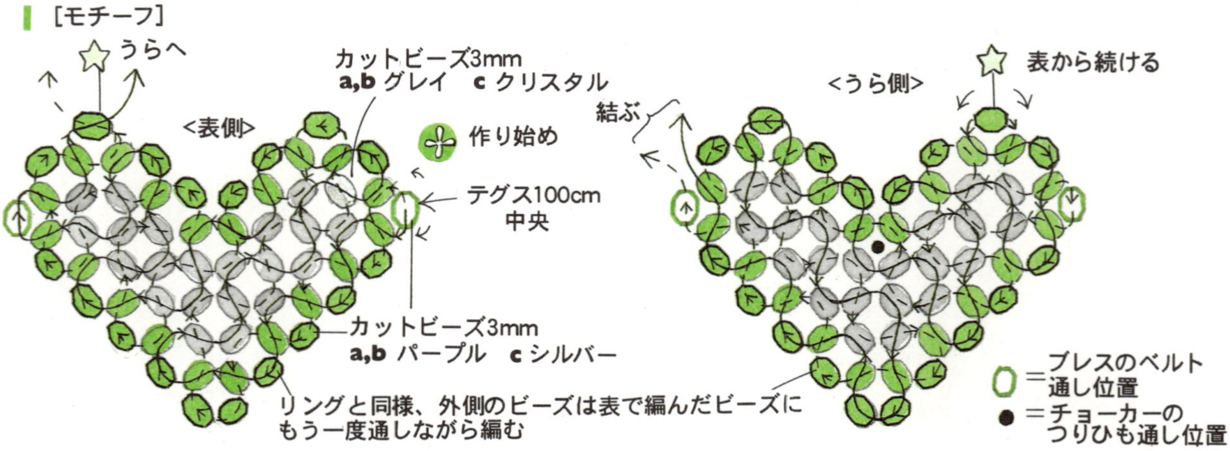

Page26
17
ハートモチーフのアンサンブル

材料　◆ビーズ＆ビーズ

a ―― カットビーズ丸［6mm(パープル)1個　4mm(パープル) 5個］だ円3mm［パープル 60個　グレイ 46個］ 粒ビーズ<丸>ベージュ 223個　竹ビーズ<五厘・カット>ピンクオーロラ 161個

◆その他

a ―― (すべてシルバー)引き輪1個　アジャスター1本　つぶし玉2個　Tピン1本　テグス(＃3)230cm(100×1本 60cm×2本　10cm×1本)

作り方

a ―― 1＊ハートのモチーフを作る。2＊モチーフにループをつける。別のテグスでネックレス部分を作る。3＊金具をつける。

出来上がり寸法　a 35cm

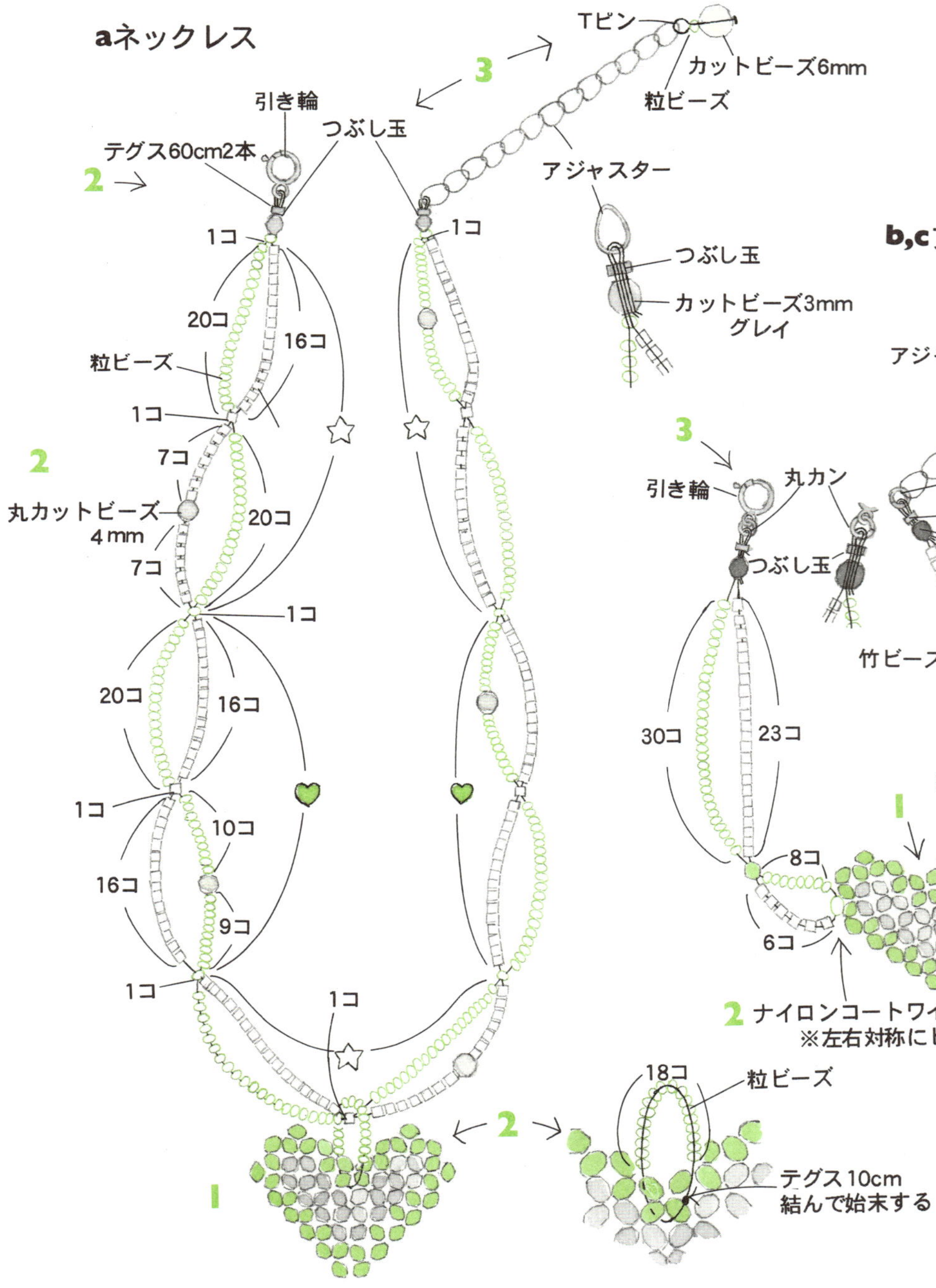

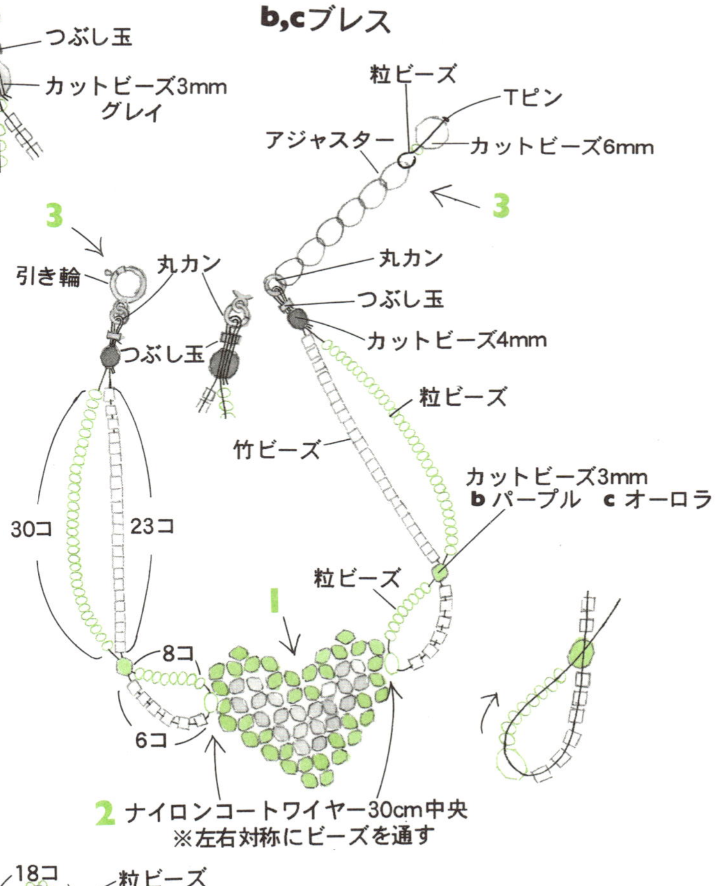

Page28

18

花モチーフのパールセット

◆材料　◆ビーズ＆ビーズ

a ……… そろばん型ビーズ4mm(紫色)24個　4mm(薄紫 ベージュ)8個　染めパール3mm［(パープル)30個　(ゴールド)6個　(ブロンズ)2個］　粒ビーズ<大>ゴールドミックス38個　クリスタル8個　<極小・カット>ゴールド約320個

b ……… そろばん型ビーズ4mm(ブルー)24個　4mm(クリスタル ベージュ)8個　染めパール3mm［(白)30個　(ゴールド)6個　(クリーム)2個］　粒ビーズ<大>ゴールドミックス38個　クリスタル8個　<極小・カット>ゴールド約320個

◆その他

ab共通 (すべてゴールド)引き輪1個　アジャスター1本　丸カン2個　つぶし玉6個　テグス(#3)100cm
ナイロンコートワイヤー80cm(27cm×2本　13cm×2本)

◆作り方

ab共通 1＊花のモチーフを作る。2＊モチーフの端にナイロンコートワイヤーをつぶし玉でとめ、ネックレス部分を作る。3＊途中で2本を一緒につぶし玉でとめ、短い方はカットする。4＊残った1本で続けて通し、端を折り返してつぶし玉でとめ、金具をつける。

◆出来上がり寸法　a,b 45cm

a b ネックレス

1 モチーフ

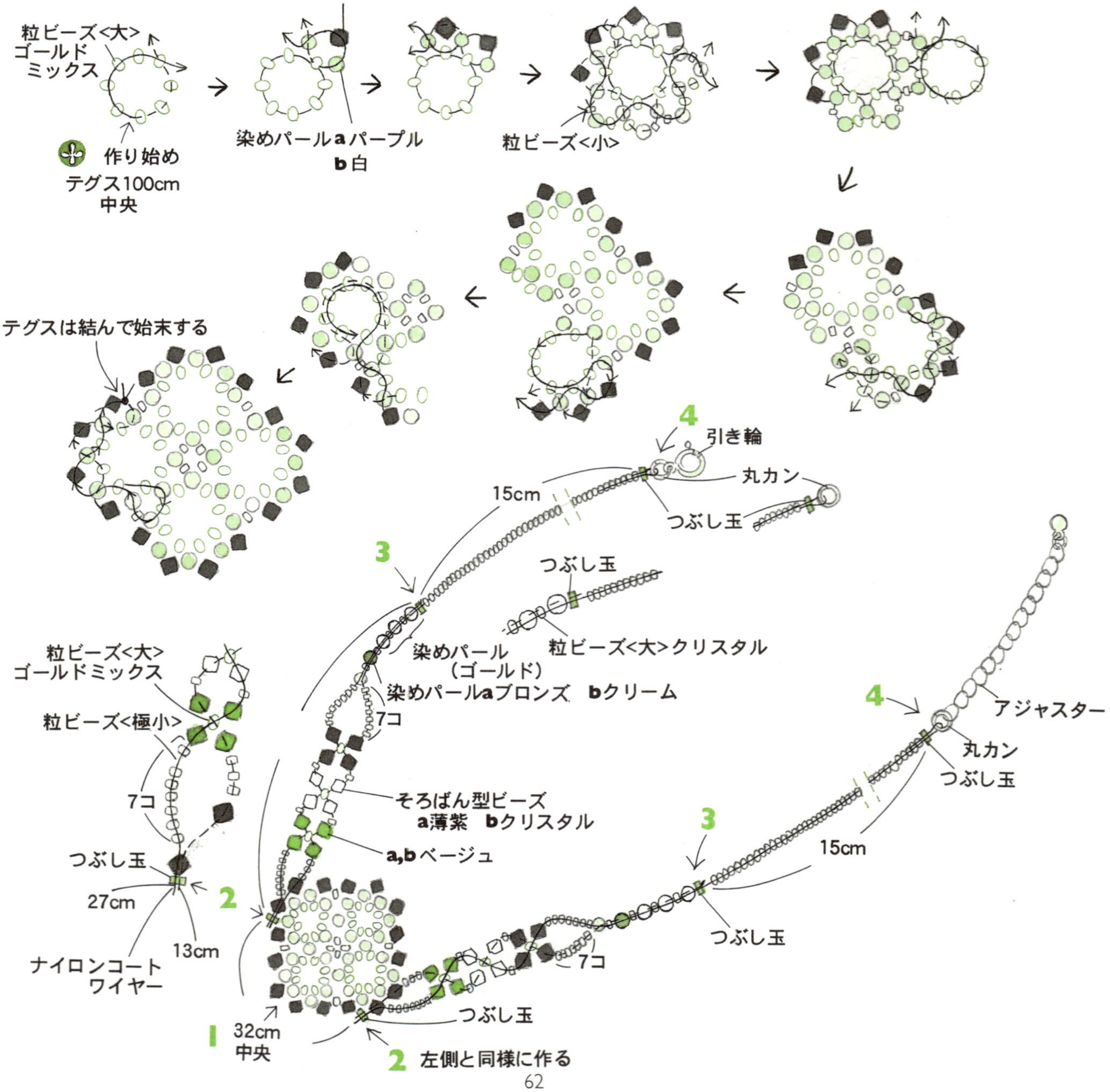

Page28

18

花モチーフの
パールセット

材料　◆ビーズ＆ビーズ

c　そろばん型ビーズ4mm(ブルー)16個　(ブラウン)8個　粒ビーズ<丸>(オーロラ)20個　染めパール3mm(ゴールド)2個

f　そろばん型ビーズ4mm(ブルー)16個　染めパール3mm(ホワイト)16個　カットビーズ丸4mm(ベージュ)2個　粒ビーズ<大>ゴールドミックス16個　<極小>ゴールド14個

g　そろばん型ビーズ4mm(アメジスト)16個　パールビーズ3mm(ゴールド)16個　カットビーズ丸4mm(ベージュ)2個　粒ビーズ<大>ゴールド16個　<極小>オーロラ14個

◆その他

c　Tピン18本　9ピン2本　ピアス金具1セット　テグス(＃3)60cm(30cm×2本)

fg共通　(いぶし金)丸カン2個　9ピン2本　チェーン1.2cm2本　イヤリング金具1セット　つぶし玉(ゴールド)2個　テグス(＃3)60cm(30cm×2本)　ナイロンコートワイヤー<細>10cm

作り方

c　1＊ビーズボールの部分を作る。2＊ビーズボール、パールビーズをピンに通しながらつなぎ、金具をつける。

fg共通　1＊モチーフを作る。テグスで中心を作り、ナイロンコートワイヤーでループを作りながら外側を作る。2＊9ピンにビーズを通しながら金具とモチーフをつなぐ。

出来上がり寸法　c2.5cm　f,g 4cm

c ピアス

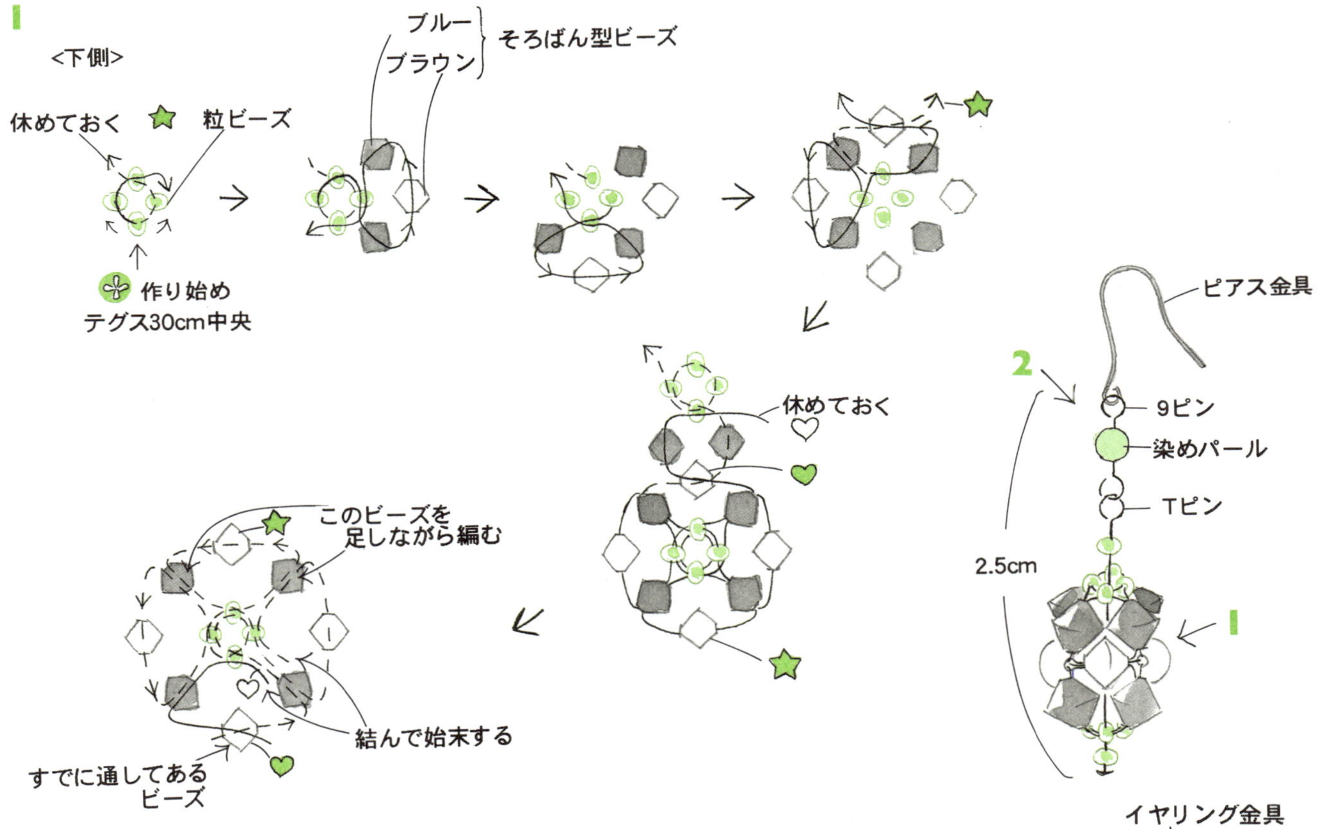

fg イヤリング

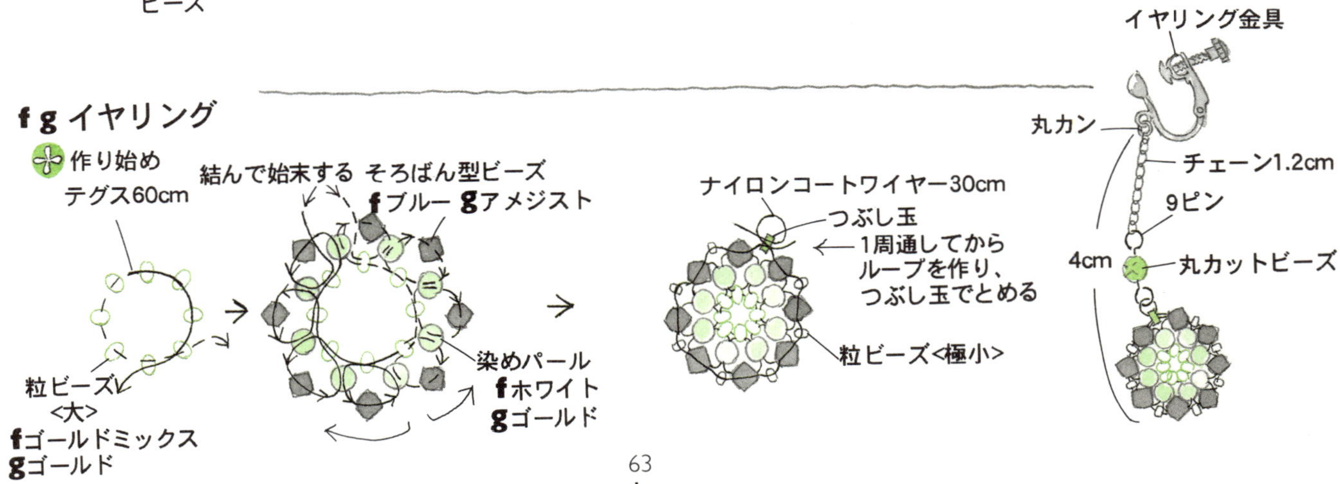

Page29

18

花モチーフの
パールセット

材料　◆ビーズ＆ビーズ

d ……… **そろばん型ビーズ**3mm(ベージュ)49個　**粒ビーズ**<小>オーロラ167個

e ……… **そろばん型ビーズ**3mm(ブルー)20個　(茶色)29個　**粒ビーズ**<小>オーロラ73個　ゴールド94個

◆その他

de共通 **テグス**(＃3)190cm(80×1本　40×2本　30×1本)

作り方

de共通 1両端のパーツを2個作る。2＊両端のパーツをつなぎながら、中央にモチーフを編む。3＊うら側も同様にモチーフを作る。4＊たわら型にする。5＊リング部分を作り、4につなぐ。

出来上がり寸法　d,c 5.7cm

d e リング

1 両側のパーツ

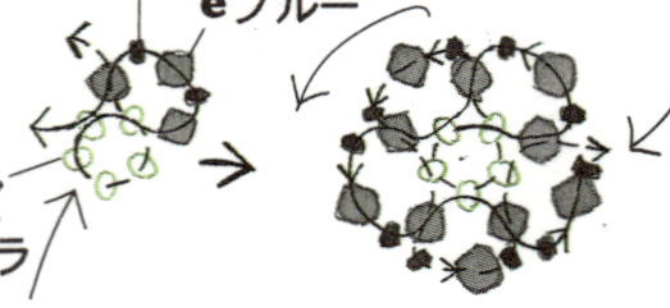

2

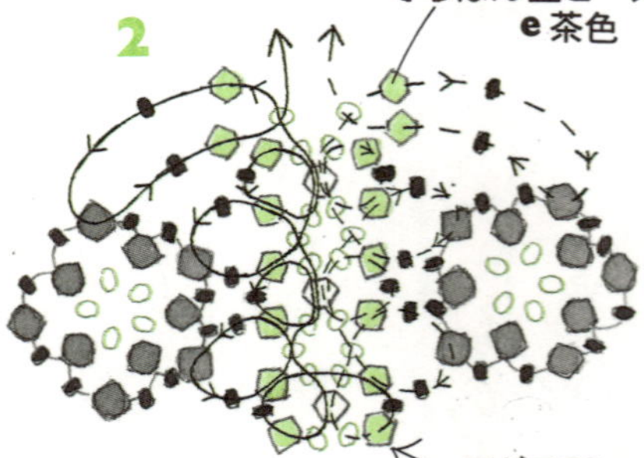

3

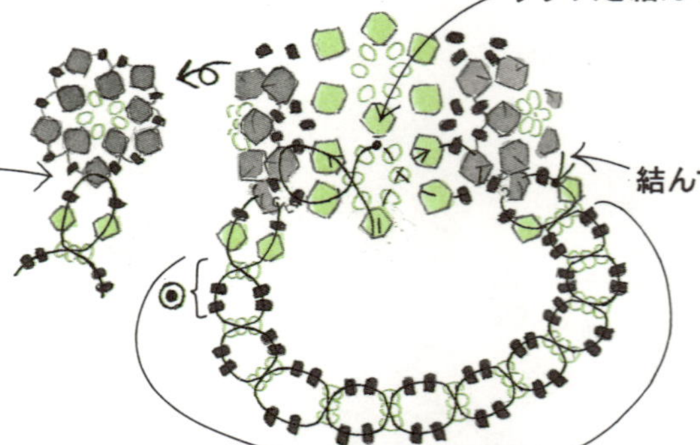

Page30

19

飴色モチーフの
ペンダント

材料　◆ビーズ＆ビーズ

a ……… **ストーンビーズ**（10mm×7mm）ベージュ1個　**カットビーズ**だ円［4mm(ライトグレイ）2個　(トパーズ）2個　3mm(ピンクメタル) 24個］　**そろばん型ビーズ**4mm［(トパーズ）10個　(ベージュ)6個　(ライトグレイ)2個］　**染めパール**3mm［(ベージュ) 18個　(ゴールド) 14個］　**粒ビーズ**<大>いぶし金8個　<極小>ゴールド676個　<丸>オーロラ32個

b ……… **ストーンビーズ**（10mm×7mm）ライトグレイ1個　**カットビーズ**だ円［4mm(パープル）4個　3mm(ピンクメタル) 24個］　**そろばん型ビーズ**4mm［(ダークブラウン）10個　(ベージュ)6個　(ライトグレイ)2個］　**染めパール**3mm［(ゴールド) 18個　(ボルドー) 14個］　**粒ビーズ**<大>いぶし金8個　<極小>オーロラ676個　<丸>ブルー32個

◆その他

ab共通 (すべてゴールド)**引き輪**1個　**アジャスター**1本　**ボールチップ**2個　**丸カン**2個　**つぶし玉**3個　**Tピン**1本　**ナイロンコートワイヤー** 100cm(50cm×1本　25cm×2本)　**テグス** (#2)120cm

作り方

a,b
c,d ……… 1＊テグスでモチーフを図のように作る。2＊モチーフのうら側からワイヤーを通し、ネックレス部分を作る。途中でワイヤーを足して図のように通す。3＊端はワイヤーでループを作りながらつぶし玉でとめ、金具をつける。

出来上がり寸法　a,b 38cm

モチーフ

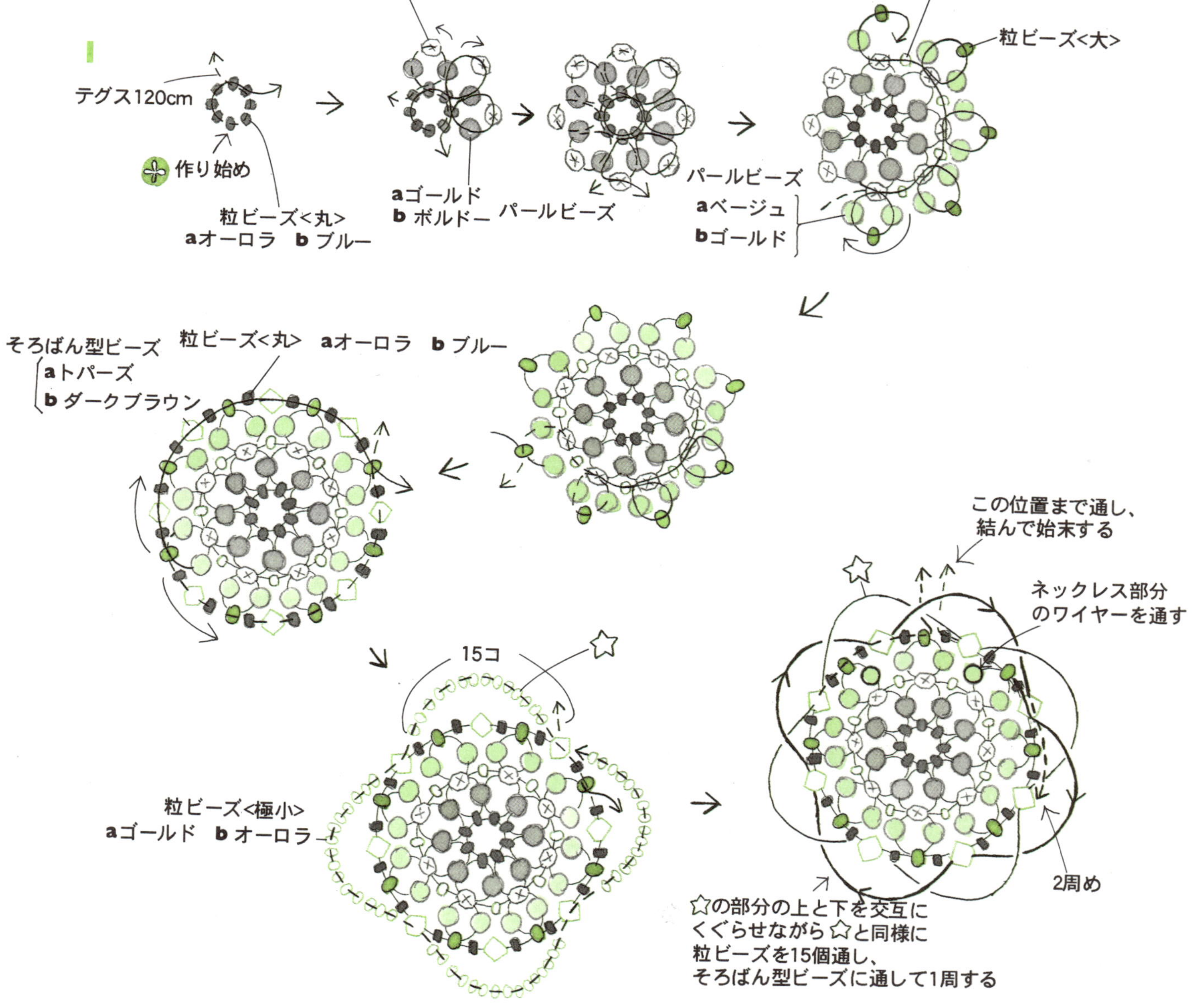

次ページへつづく

Page31

20 カットビーズのブレスレット

材料 ◆ボタン＆ビーズ

a ―― **そろばん型ビーズ**4mm［(ベージュ)36個　(トパーズ)20個］　**パールビーズ**3mm［(ベージュ)22個　(ゴールド)9個］　**粒ビーズ**<カット>ゴールド54個

b ―― **そろばん型ビーズ**4mm［(ベージュ)36個　(ダークブラウン)20個］**パールビーズ**3mm［(ゴールド)22個　(ボルドー)9個］　**粒ビーズ**<カット>オーロラ54個

◆その他

ab共通 **引き輪**1個　**アジャスター**1本　**丸カン**<大>2個　<小>1個　**テグス** (#3)100cm

作り方

ab共通 テグスの中央にパールビーズを通し、そろばん型ビーズと交差させながら編んでいく。両側に粒ビーズを通し、テグスを結んで始末する。丸カン、フック、アジャスターをつなぐ。

出来上がり寸法 **a,b** 14cm

65ページのつづき

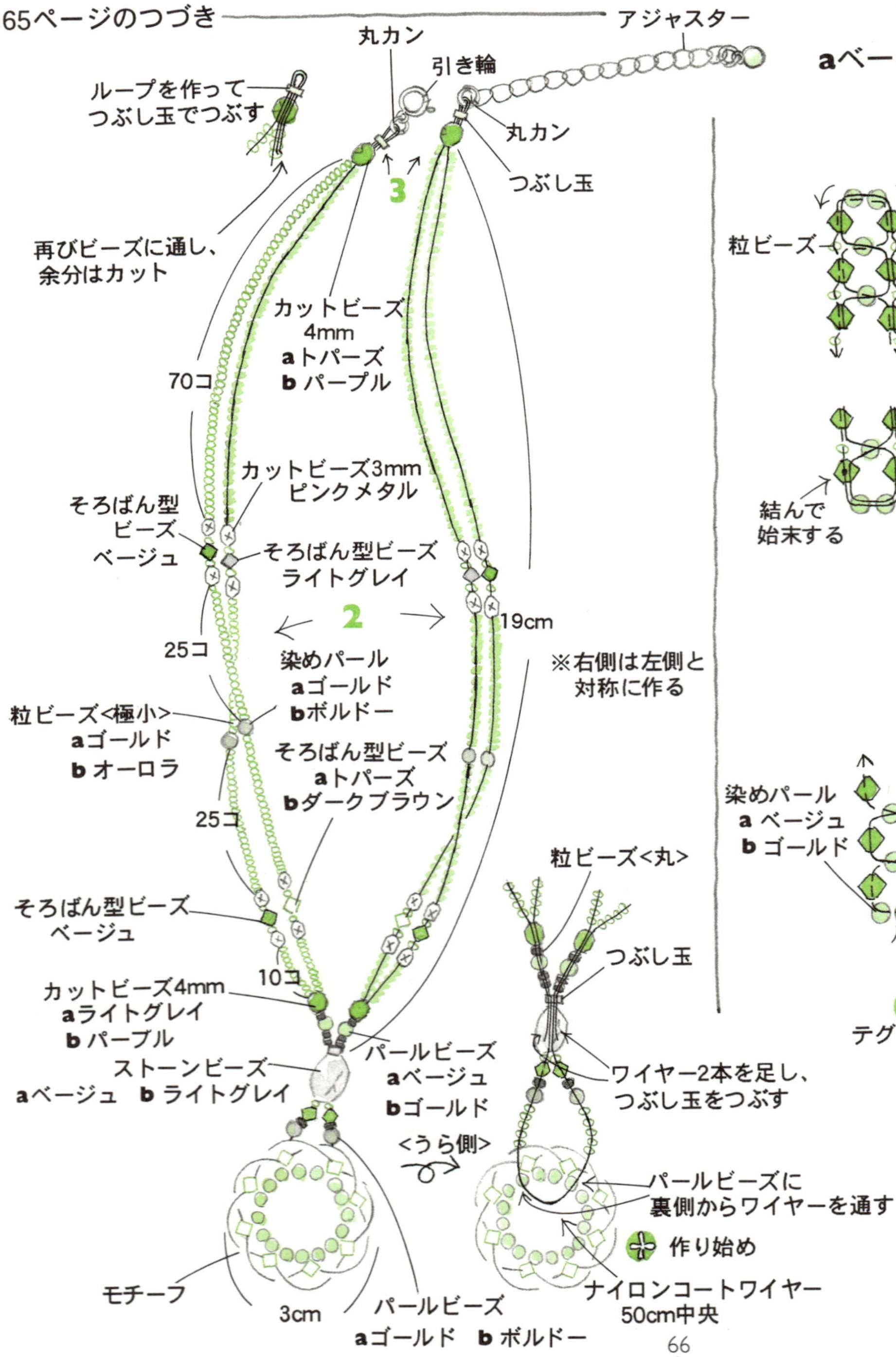

ブレス

aベージュ　b ブラウン

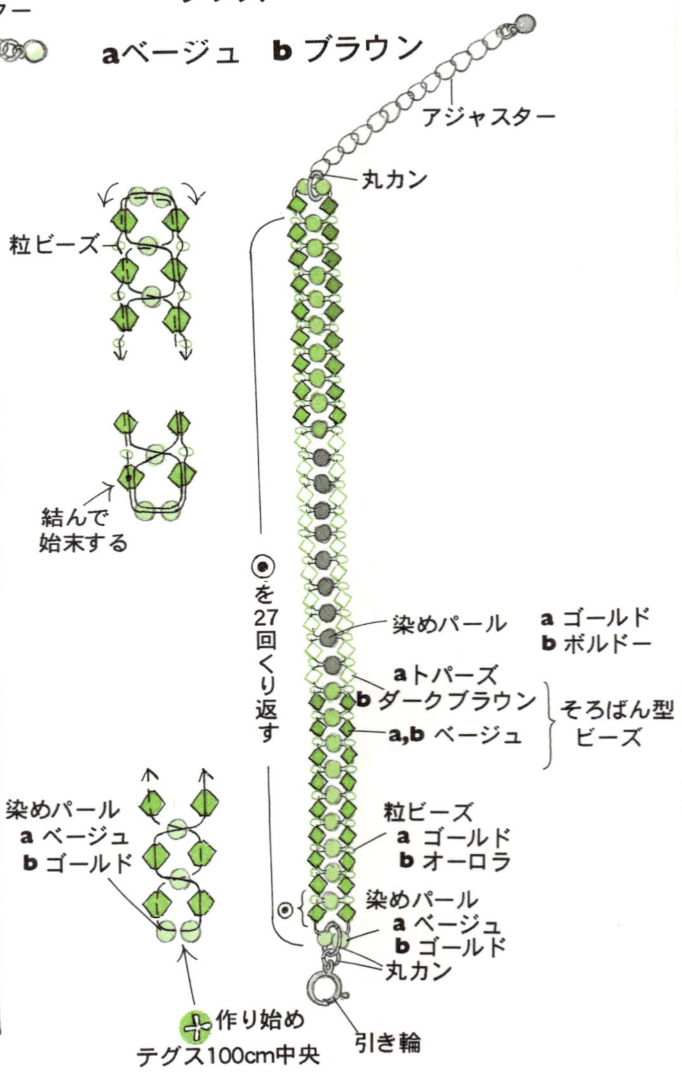

Page32

21 パープルトーンのネックレスとリング

材料 ◆ビーズ＆ビーズ

a ―― **そろばん型ビーズ**8mm(アメジスト)1個　4mm(アメジスト)16個　**カットビーズ**だ円［4mm(シルバーメタル)9個 (パープルメタル)4個］［3mm(パープルメタル)12個］　**竹ビーズ**<五厘>パープル48個

b ―― **そろばん型ビーズ**6mm(アメジスト)12個　(ライトアメジスト)2個　4mm(アメジスト)23個　(ライトアメジスト)8個　3mm(アメジスト)17個　**カットビーズ**だ円［4mm(パープルメタル)60個　(シルバーメタル)16個］［3mm(パープルメタル)42個　(シルバーメタル)14個］　**グラスビーズ**4mm(パープル)27個　**花型ビーズ**6mm(ピンク)9個　**竹ビーズ**<二分>パープル14個

◆その他

a ―― **テグス**(#3)80cm

b ―― (すべてシルバー)**とめ具**1個　**アジャスター**1本　**丸カン**28個　**9ピン**100本　**Tピン**18本

作り方

a ―― テグスで図のように編む。

b ―― ピンはあらかじめビーズを通して曲げておく。(イ・ロ・ハ　計51本)

1＊中央部分はピンを丸カンでつないで作る。**2＊**飾り部分はピンを曲げながらつなぐ。**3＊**金具をつける。

出来上がり寸法　**a** 5.6cm　**b** 30cm

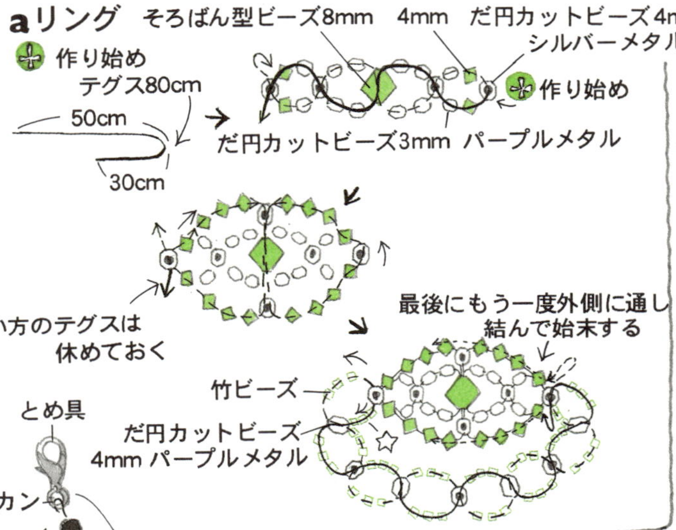

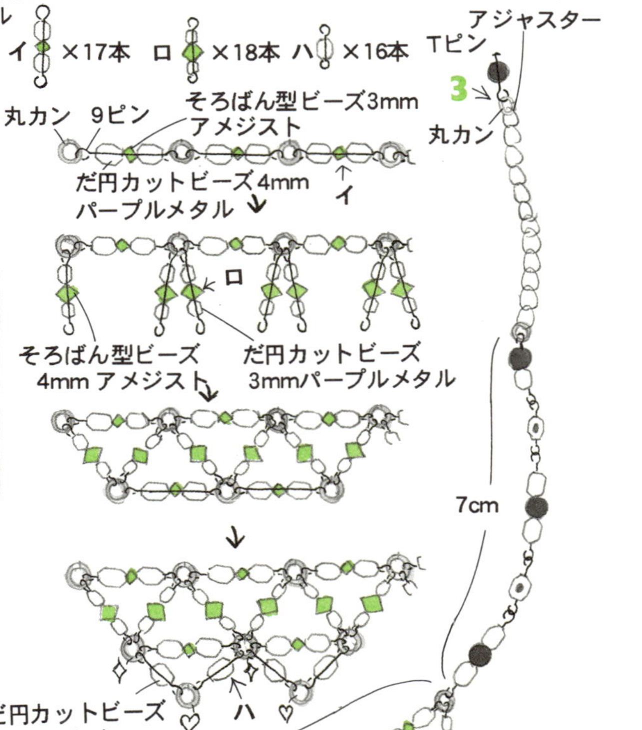

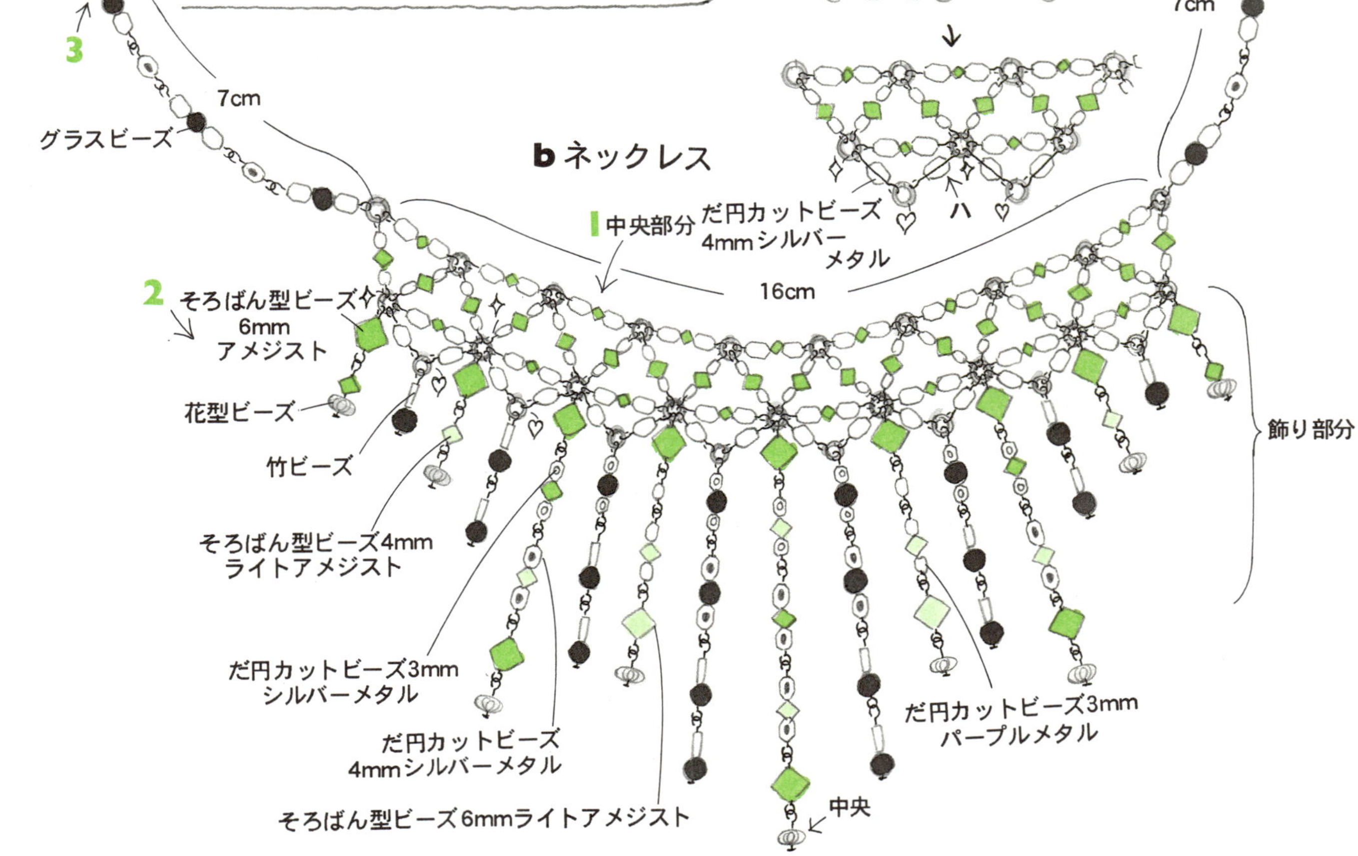

Page33

22

螺旋につないだネックレス

材料　◆ビーズ＆ビーズ

a　**メタルビーズ**ガンメタ［(6mm)1個　(4mm)8個　(3mm)12個］　**そろばん型ビーズ**4mm［(ブルー) 13個　(ライトグレイ)10個］　**カットビーズ**だ円4mm［(ブルー)21個　(ライトグレイ) 4個　(赤)3個　(ブルーメタル)6個］だ円3mm［(ブルー) 2個　(ライトグレイ) 3個　(ブルーメタル)14個］　**染めパール**3mm(ブルー) 13個　**デザインビーズ**4mm(シルバー)4個　**粒ビーズ**<丸>ブルー326個

b　**メタルビーズ**コパー［(6mm)1個　(4mm)8個　(3mm)12個］　**そろばん型ビーズ**4mm［(ガーネット) 13個　(アメジスト)10個］　**カットビーズ**だ円4mm［(ブラウン)18個　(トパーズ) 4個　(赤)3個　(ピンクオーロラ)6個］　だ円3mm［(ブラウン) 2個　(トパーズ) 3個　(ピンクメタル)14個］　**染めパール**3mm(ボルドー) 13個　**デザインビーズ**4mm(ゴールド)4個　**粒ビーズ**<丸>［コパー170個　赤155個］

◆その他

ab共通(aいぶし銀　bブロンズ)**とめ具**1個　**丸カン**<大>2個　<小>2個　**つぶし玉**6個　**9ピン**34本　**Tピン**1本　**ナイロンコートワイヤー** 140cm(45cm×2　25×2本)

作り方

ab共通 1＊ビーズに9ピン、Tピンを通して曲げておく。2＊モチーフ<大>からビーズとパーツを図のように通して作る。途中でワイヤーを1本足して図のように通し、端はつぶし玉で始末する。3＊モチーフ<小>を<大>とつなぎながら同様に作る。4＊金具と飾りのパーツをつける。

出来上がり寸法　a,b 42cm

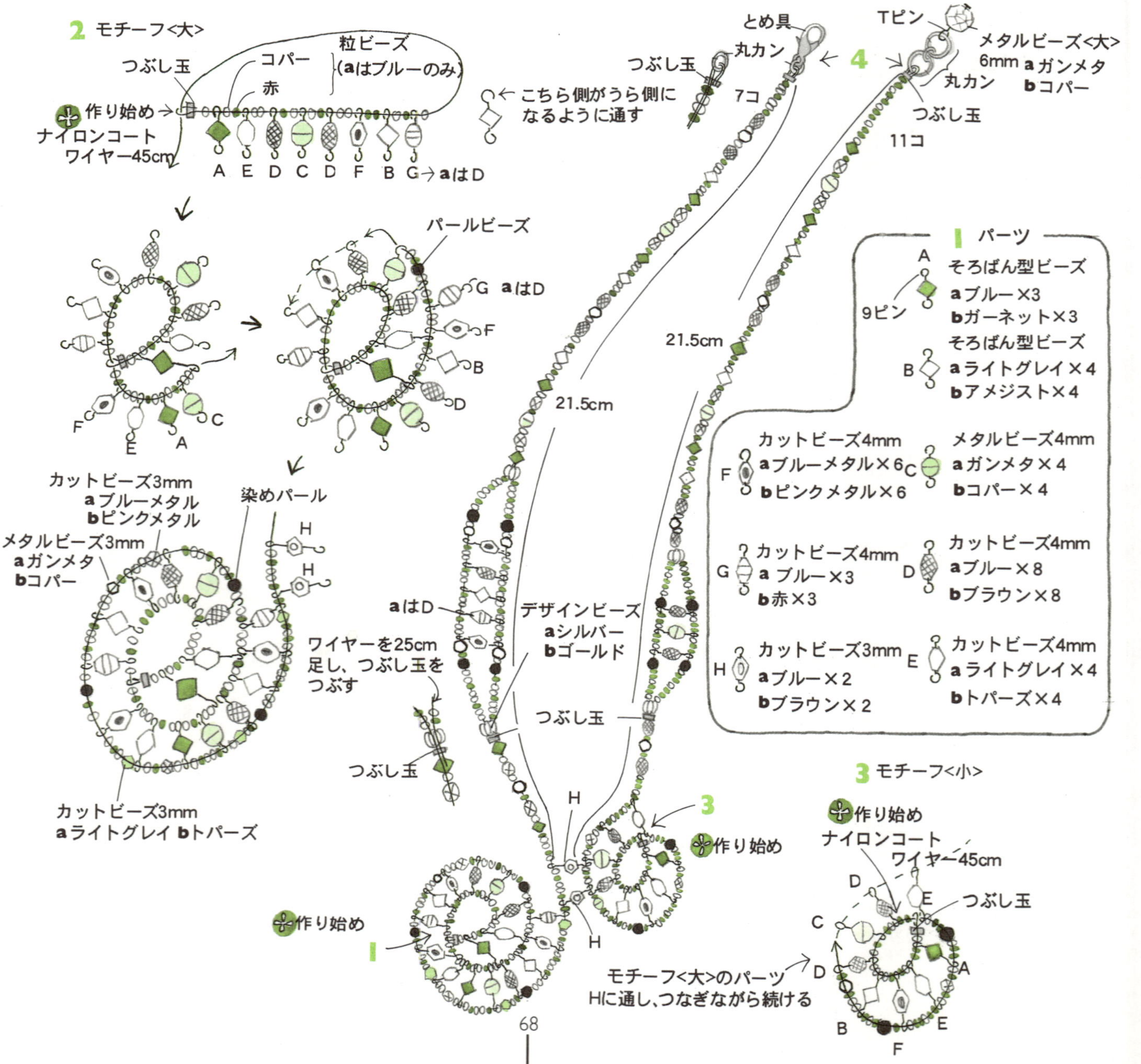

Page34

23

ピンで作る王冠のモチーフ

材料　◆ビーズ&ビーズ

a……カットビーズ　だ円4mm(ピンクメタル)8個　丸4mm(クリスタル)1個　そろばん型ビーズ4mm［(トパーズ)8個　(ブルー)8個］　3mm(クリスタル)8個　グラスビーズ4mm(グリーンラメ)2個　染めパール3mm(白)4個　(ベージュ)4個　(ゴールド)2個　粒ビーズ<丸>［クリスタル36個　白20個　いぶし金36個］　<大>トパーズ20個

◆その他

a……9ピン(ゴールド)8本　テグス(#2)75cm(15cm×1本　60cm×1本)　ワイヤー5cm

作り方

a……1＊パーツを作り、ピンを少しずつ曲げておく。2＊ピンの上側をテグスに、ビーズと一緒に通しながら輪にする。下側も同様にしてドーム型に作る。トップのカットビーズをワイヤーでつける。3＊続けてリング部分を編む。

出来上がり寸法　a 5.5cm

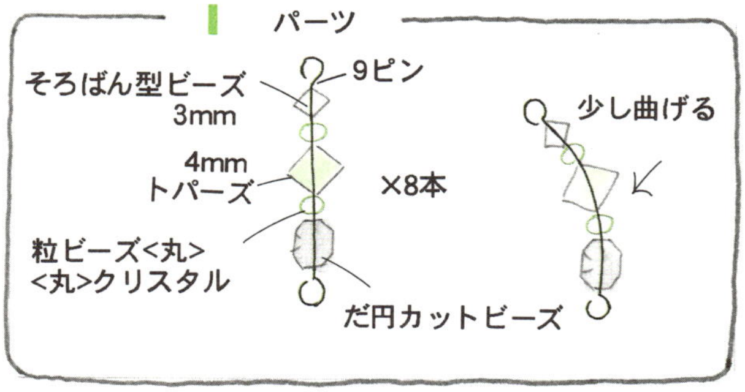

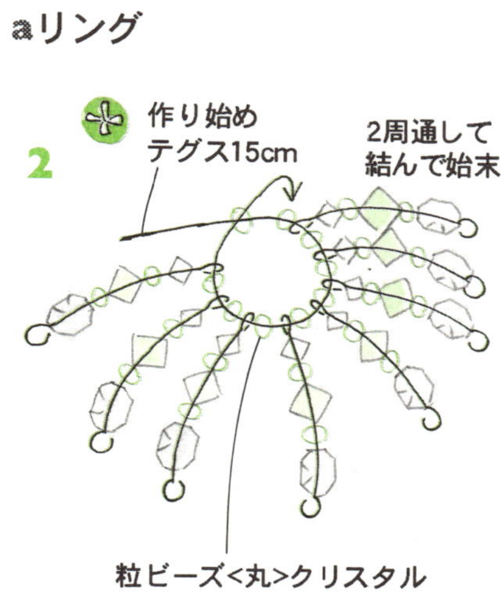

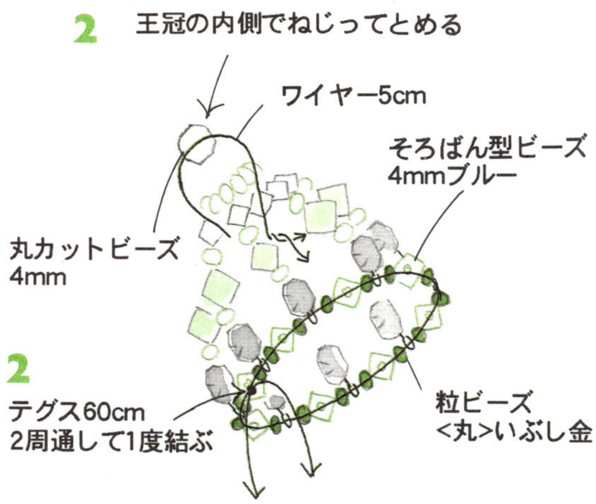

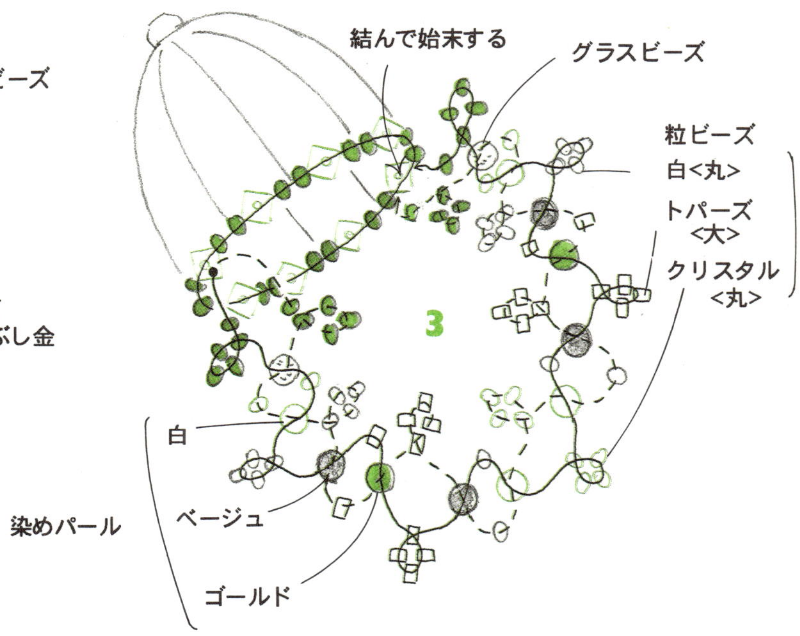

Page35

23

ピンで作る王冠のモチーフ

材料

◆ビーズ&ビーズ

c …… **カットビーズ** だ円8mm［クリスタル2個　メタリックベージュ2個］　丸8mm(クリスタル)3個　だ円4mm(メタリックベージュ)36個　**そろばん型ビーズ**(ブルー)［6mm 8個　4mm20個　3mm24個］　(トパーズ)［4mm24個　3mm15個］　(ベージュ)［4mm12個　3mm51個］　(グリーン)3mm3個　(クリスタル)3mm62個　(パープル)6mm1個　(青緑)3mm3個　**染めパール**3mm［ゴールド18個　ベージュ24個　白24個］　4mm［ブルー4個　オレンジ色4個　ベージュ4個　白4個］　**淡水パール**6mm36個　**グラスビーズ**(ブルー)4mm36個　**粒ビーズ**<大>［クリスタル72個　黄色24個］　<丸>［白34個　クリスタル240個　ブルーオーロラ24個　いぶし金12個］　**竹ビーズ**<五厘>［ゴールド272個　ブルー32個］

◆その他

c …… (指定以外ゴールド)**とめ具**1個　**丸カン**<大>4個　<中>15個　<小>23個　(ガンメタ)3個　**つぶし玉**2個　**Tピン**14本　**9ピン**25本　**チェーン**10mm×12本　**ナイロンコートワイヤー**240cm(60cm×4本)　**テグス**(#3)285cm(15cm×1本　30cm×1本　50cm1本　40cm×4本)

作り方

c …… **1＊**パーツを作り、ピンを少しずつ曲げておく。チェーンと丸カン、ピンをつないで王冠の飾りを作る。モチーフABCをテグスで編む。**2＊**王冠型になるようにピンの上下をつなぐ。**3＊**つなぎの部分を作る。**4＊**ワイヤーにビーズとモチーフを通してネックレス部分を作る。**5＊**金具をつける。

出来上がり寸法　c 48cm

1 パーツ

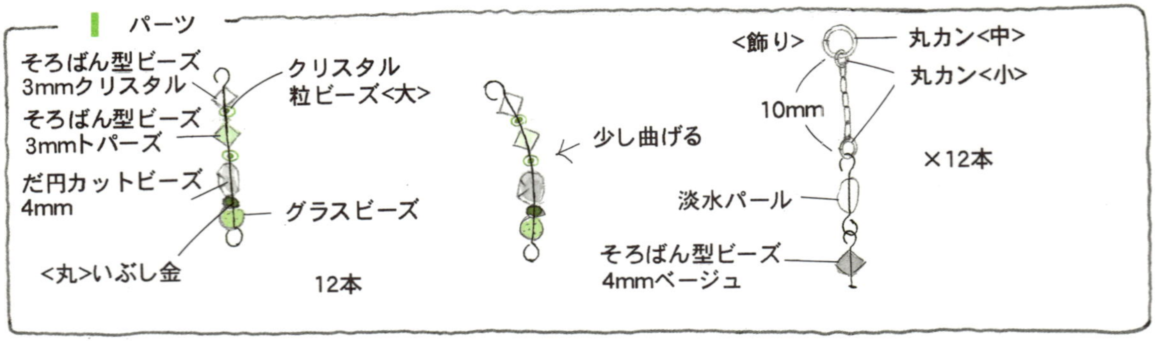

2

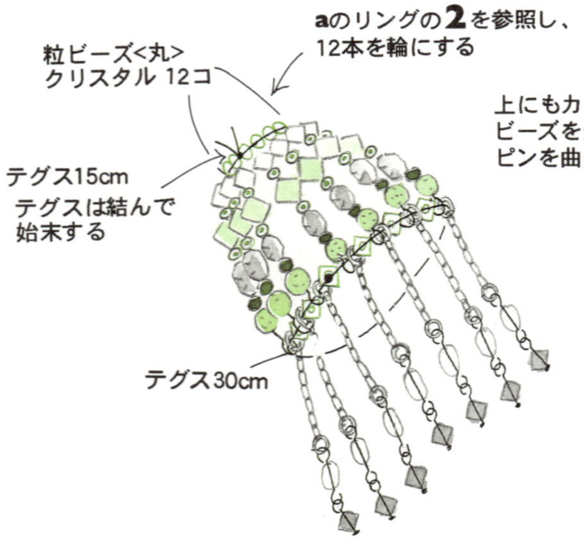

3

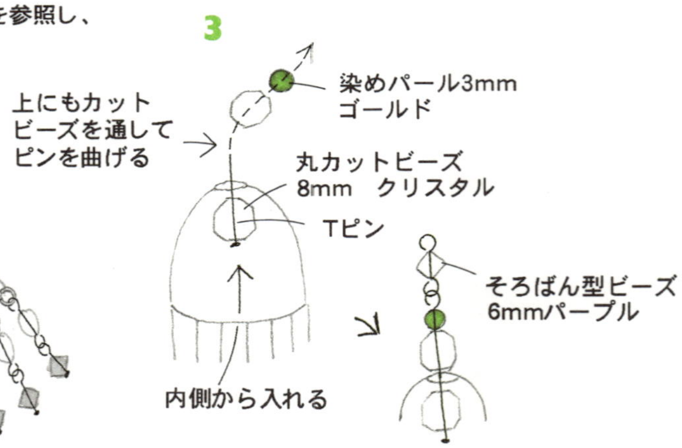

4

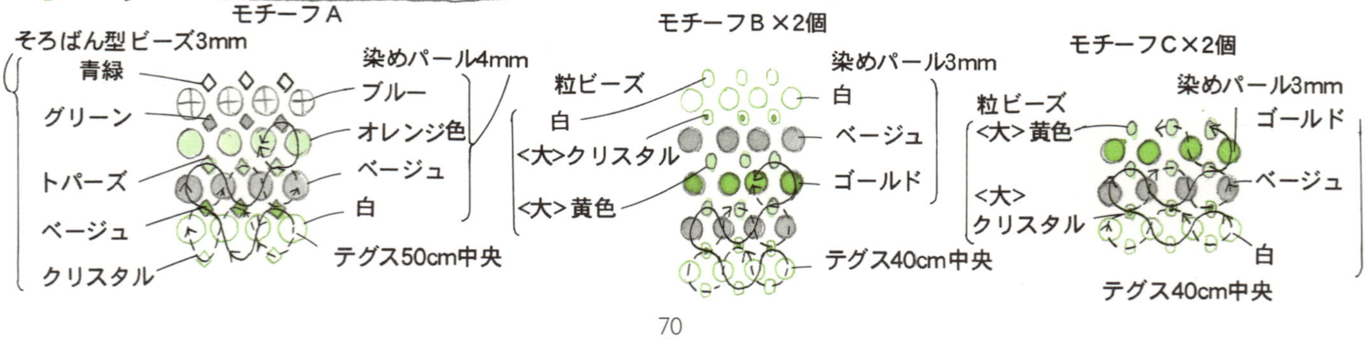

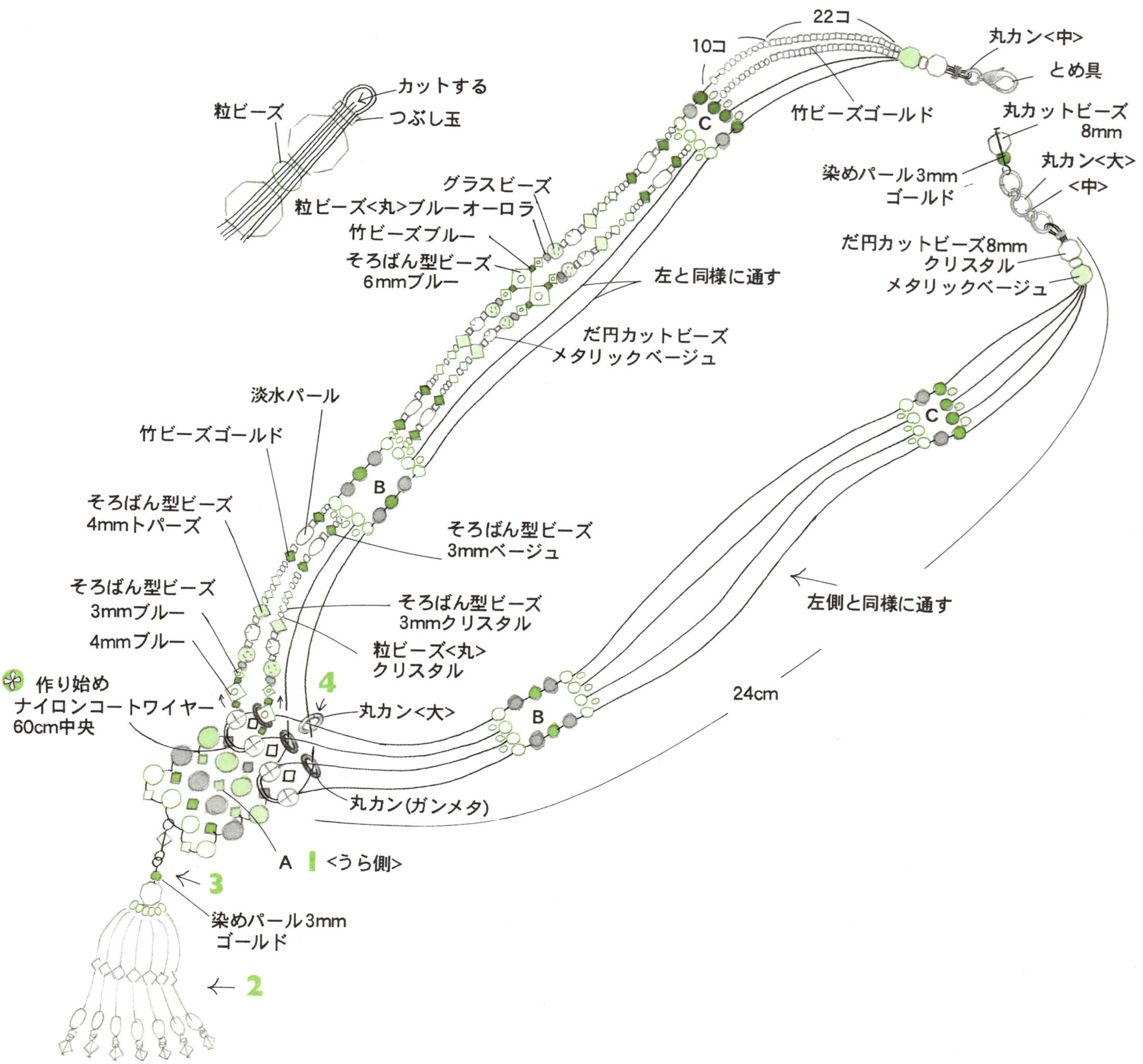

カットする
粒ビーズ
つぶし玉
10コ
22コ
丸カン<中>
とめ具
竹ビーズゴールド
C
丸カットビーズ
8mm
染めパール3mm
ゴールド
丸カン<大>
<中>
グラスビーズ
粒ビーズ<丸>ブルーオーロラ
竹ビーズブルー
そろばん型ビーズ
6mmブルー
左と同様に通す
だ円カットビーズ8mm
クリスタル
メタリックベージュ
だ円カットビーズ
メタリックベージュ
淡水パール
竹ビーズゴールド
B
そろばん型ビーズ
4mmトパーズ
そろばん型ビーズ
3mmベージュ
左側と同様に通す
そろばん型ビーズ
3mmブルー
そろばん型ビーズ
3mmクリスタル
4mmブルー
粒ビーズ<丸>
クリスタル
作り始め
ナイロンコートワイヤー
60cm中央
4
丸カン<大>
24cm
丸カン(ガンメタ)
A
1 <うら側>
3
染めパール3mm
ゴールド
2

Page34

23

ピンで作る王冠のモチーフ

材料　**◆ビーズ＆ビーズ**

b　**カットビーズ**　だ円4mm(メタリックベージュ)10個　丸4mm(クリスタル)1個　**そろばん型ビーズ**8mm［(ブルー)4個　(グリーン)1個］　4mm［(トパーズ)10個　(ベージュ)10個］　3mm［(ブルー)8個　(グリーン)2個　(クリスタル)20個　(ベージュ)10個］**グラスビーズ**4mm(グリーンラメ)10個　**染めパール**3mm［(白) 20個　(ベージュ)20個　(ゴールド)11個］　**淡水パール**10個　**粒ビーズ**<大>［クリスタル16個　白16個　黄色16個］<丸>［クリスタル76個　ブルー10個］**竹ビーズ**<五厘>［ゴールド64個　ブルー10個］

◆その他

b　(指定以外ゴールド)**とめ具**1個　**丸カン**<大>3個　<小>4個　**つぶし玉**4個　**Tピン**1本　**ナイロンコートワイヤー**122cm(40cm×2本　22cm×1本)　**テグス** (#3)40cm

作り方

b　**1＊**モチーフを2つテグスで作る。**2＊**ワイヤーで両サイドから、ビーズとモチーフを通す。ワイヤーの中央でループを作ってから反対の端まで通し、つぶし玉でとめる。**3＊**金具をつける。

出来上がり寸法　b 15cm

bブレス

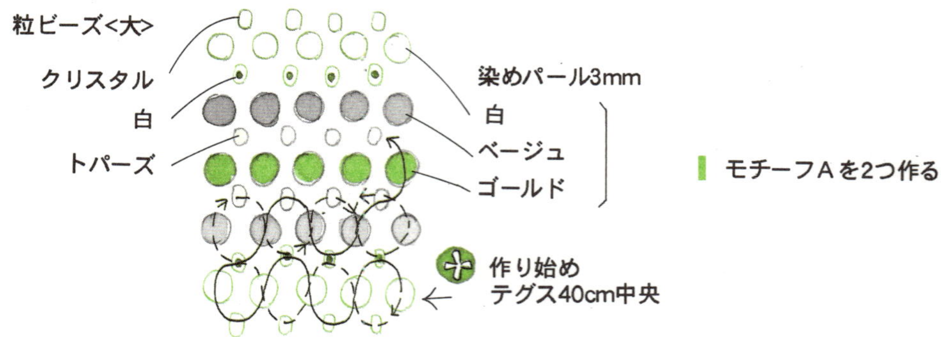

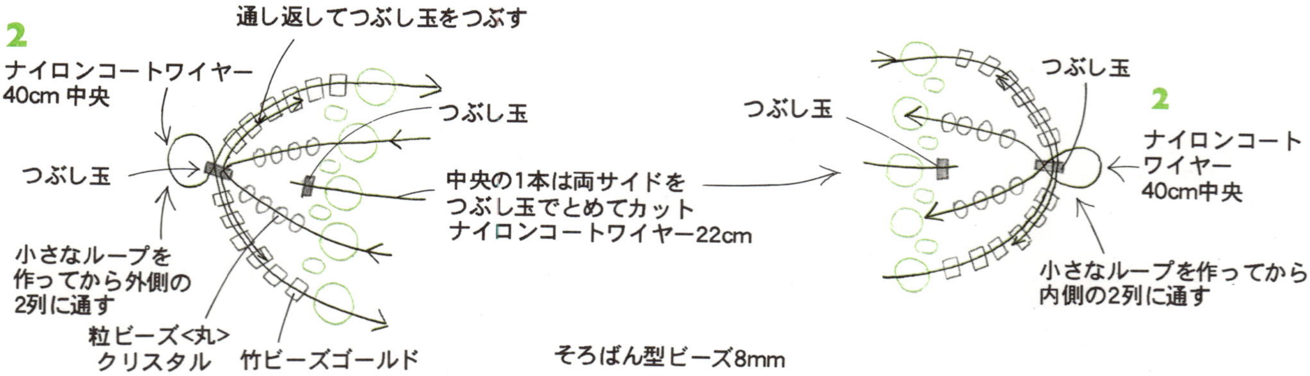

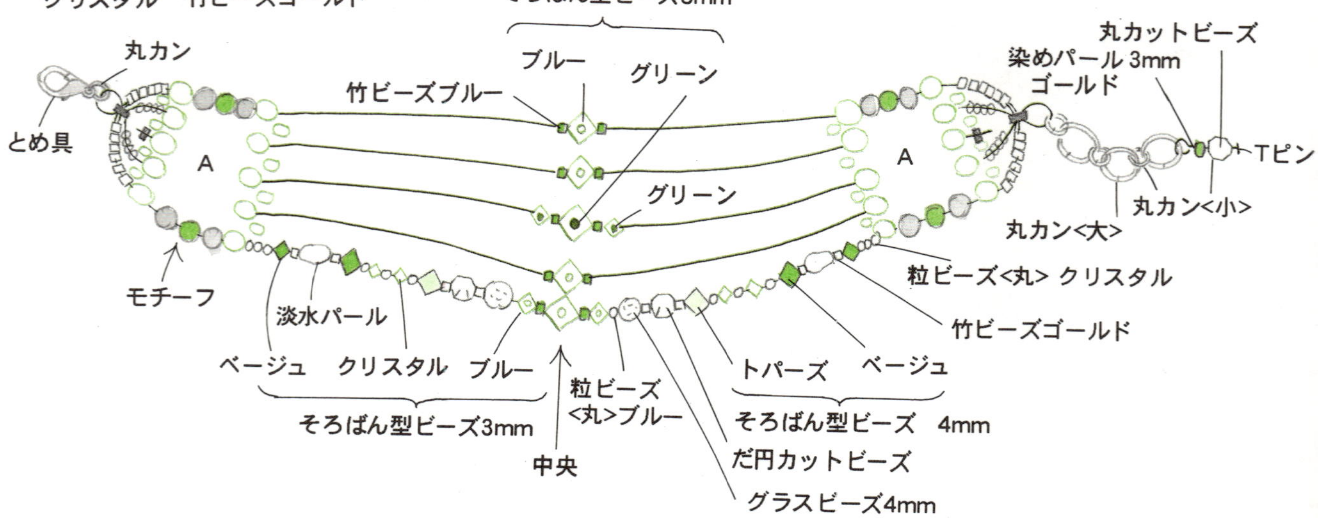

Page36

24

春色ビーズのチョーカー

材料　**◆ボタン＆ビーズ**

ガラスビーズ直径10mm(ピンク)6個　**カットビーズ**だ円［6mm(ガンメタ)4個　4mm(ガンメタ)50個］　丸4mm［オリーブグリーン24個　ライトグレイ12個］　**パールビーズ**3mm(グリーン)42個　**粒ビーズ**<カット>ブラウン680個　**粒ビーズ**<丸>パープル32個

◆その他

(いぶし金)**とめ具**1個　**アジャスター**1本　**ボールチップ**2個　**丸カン**2個　**つぶし玉**2個
ナイロンコートワイヤー160cm(40cm×4本)　**テグス**(#3)150cm(50cm×3本)

作り方　1＊1段め、3段めを図のように編む。2＊2段めを編みながら1をつなぐ。3＊1、3段目の両端のビーズにワイヤーを通し、サイド部分を左右対称に編む。4＊端はボールチップで始末し、金具をつける。

出来上がり寸法　34cm

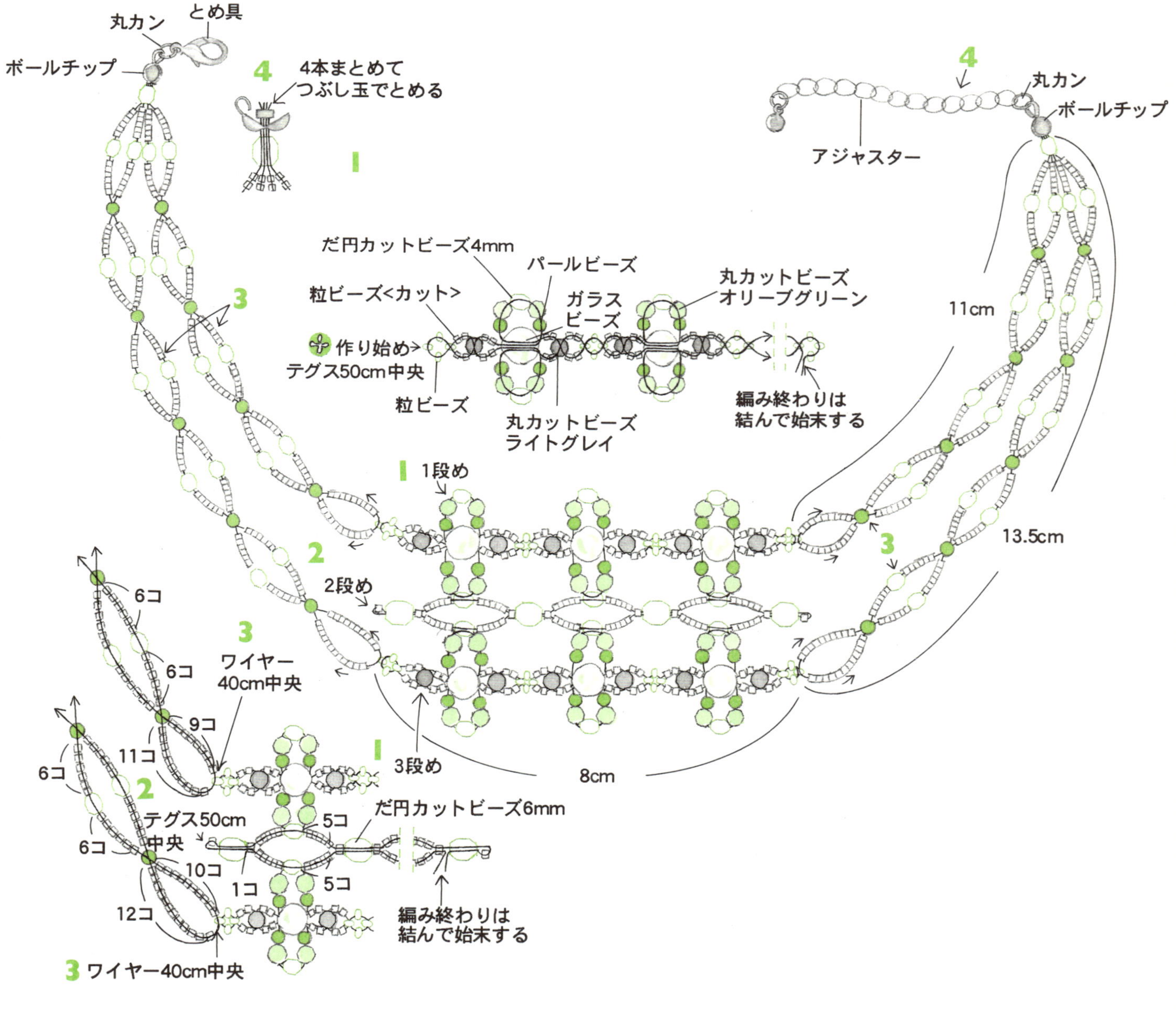

Page37

25

マーブルストーンのチョーカー

材料
◆ビーズ＆ビーズ
グラスビーズだ円15mm×10mm(ゴールド)3個　4mm(ゴールド)18個　**円盤型ビーズ**6mm(クリームマーブル)14個　**そろばん型ビーズ**(ベージュ)［6mm4個　4mm4個］　**メタルビーズ**4mm(コパー)12個　**カットビーズ**丸6mm(ブロンズ)12個　**染めパール**3mm(ベージュ)12個　**粒ビーズ**<丸>(ゴールド)356個

◆その他
(すべていぶし金)**とめ具**1個　**アジャスター**1本　**ボールチップ**2個　**丸カン**1個　**つぶし玉**26個(うち24個はビーズとして使用)　**9ピン**21本　**ナイロンコートワイヤー**85cm

作り方　1＊ビーズに9ピンを通してパーツを作る。2＊ボールチップで端をとめ、パーツとビーズを図のように通しながらビーズを編む。3＊ボールチップで端を始末し、金具をつける。

出来上がり寸法　31cm

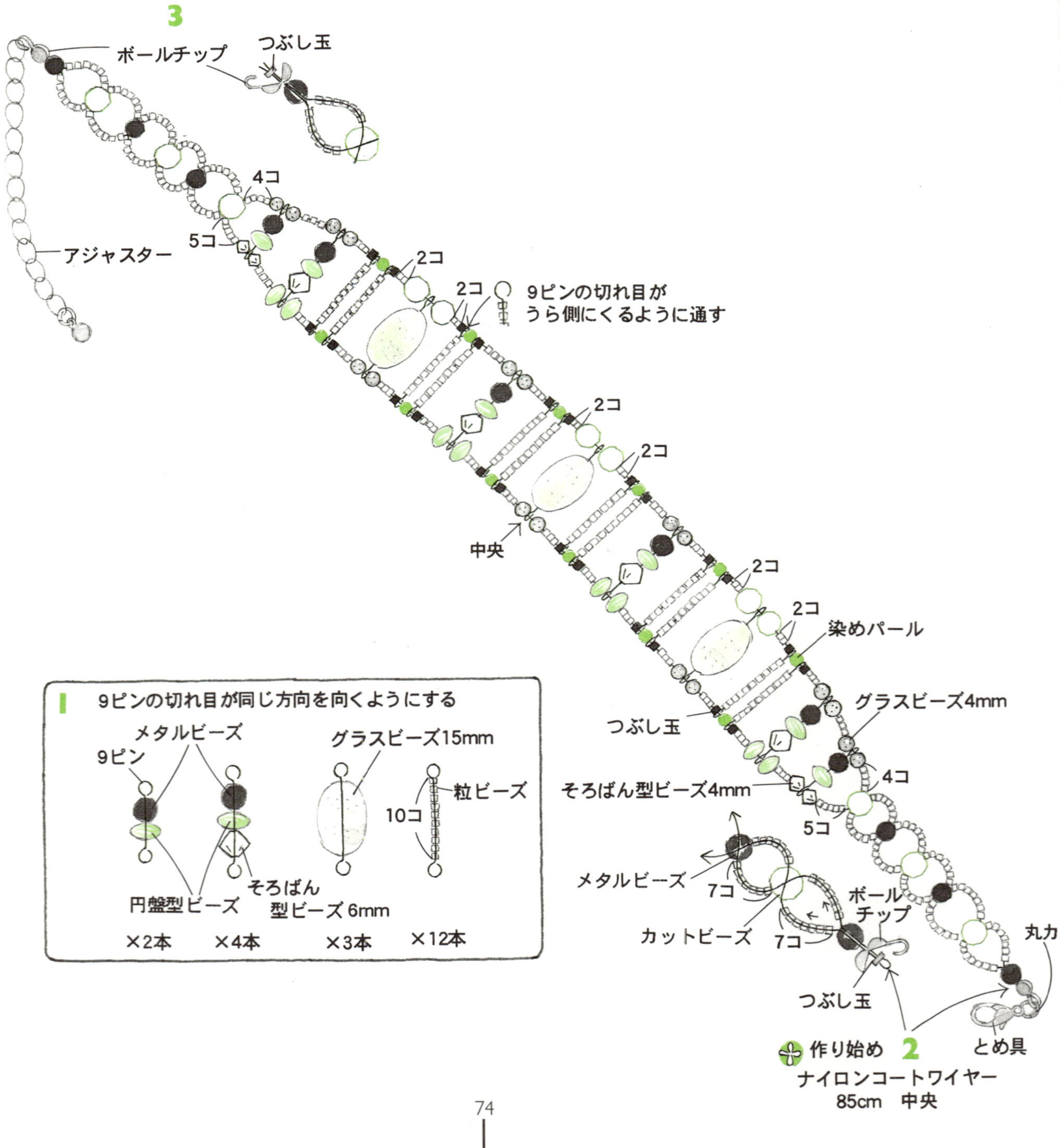

Page38

26

シャワーを使った イヤリング◆ブローチ◆リング

材料　◆ビーズ＆ビーズ

a　アクリルビーズ6mm(ブルーラメ)2個　染めパール3mm(ベージュ) 4個　丸ビーズ4mm(マットシルバー) 8個　そろばん型ビーズ3mm(グレイ) 4個　カットビーズだ円4mm(白)8個　粒ビーズ［<大>トパーズ　<丸>グリーン　8個］　<カット>シルバー 32個　<丸>ブルーグレイ16個

c　アクリルビーズ6mm(ブルーラメ)1個　染めパール3mm(グレイ) 12個　(ベージュ) 12個　丸ビーズ4mm(マットシルバー) 4個　そろばん型ビーズ3mm(トパーズ) 4個　カットビーズ丸4mm(白)9個　粒ビーズ<丸>グリーン12個　<カット>シルバー 68個　<丸>ブルーグレイ72個

b　カットビーズ丸6mm(パープル)1個　4mm(黒)4個　だ円3mm(淡パープル) 8個　そろばん型ビーズ8mm(パープル) 4個　4mm(ピンク)4個　竹ビーズ<三分>(グレイ) 4個　粒ビーズ<丸>メタリックパープル70個　<極小>ピンク56個

◆その他

a　シャワー台付きイヤリング（いぶし銀）1組　テグス(＃3)120cm

c　シャワー台付きブローチ(直径1.5cm) ブロンズ1個　テグス(＃3)80cm

b　テグス(＃3)70cm

作り方

a　中心から作り始める。モチーフが完成してから、シャワー台にとめつける。(こうすると、シャワー金具の穴の数をあまり気にせずにデザインすることができる。)金具をはめて、ツメを倒す。

c　1＊中央のモチーフから作り始める。2＊続けてリング部分を往復して編む。

b　1＊シャワー台にとめつけながら作る。左右対称にバランスよく作り、シャワー台をはめて、金具のツメを倒す。

出来上がり寸法　a 2.5cm　c 5.5cm　b 3cm

aイヤリング

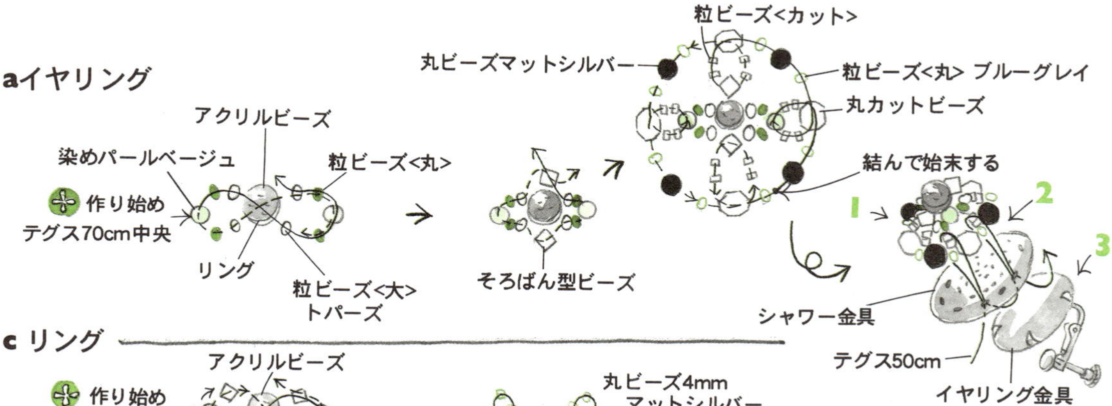

c リング

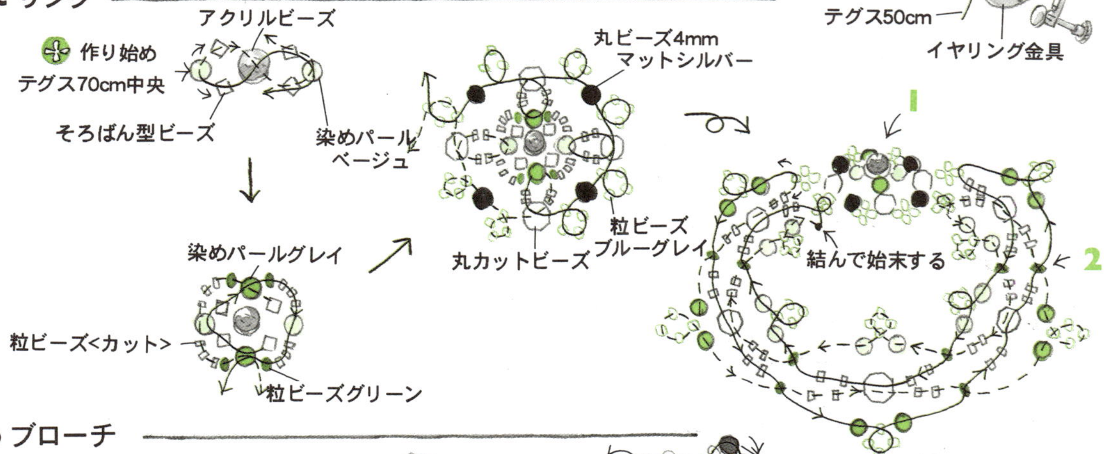

b ブローチ

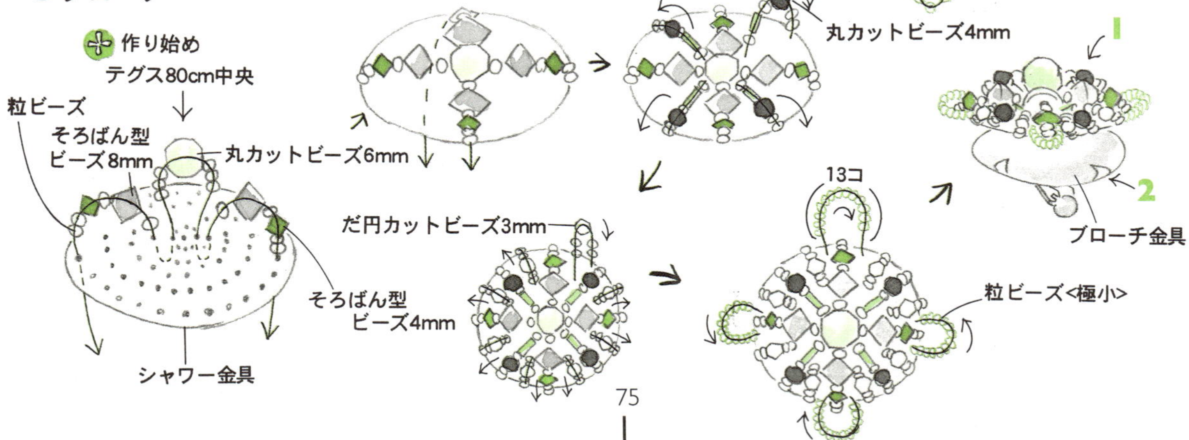

Page39

27

キャンディーカラーのチョーカー

材料

◆ビーズ＆ビーズ

a　グラスビーズ6mm(グリーン)10個　円盤型ビーズ6mm(グリーン)20個　パールビーズ4mm(グリーン)37個　カットビーズ4mm(グリーン)59個　花型ビーズ5mm(グリーン)16個　竹ビーズ<五厘>オーロラ60個　粒ビーズ<大>(メタリックグリーン)130個

b　グラスビーズ6mm(ピンク)10個　円盤型ビーズ6mm(パープル)20個　パールビーズ4mm(ピンク)29個　カットビーズ4mm(ピンク)59個　花型ビーズ5mm(ピンク)24個　竹ビーズ<五厘>ピンク60個　粒ビーズ<大>(メタリックパープル)60個　(パープル)70個

◆その他

ab共通 (aブロンズ　bシルバー)
とめ具1個　アジャスター1本　丸カン3個　つぶし玉2個　Tピン1本　ナイロンコートワイヤー90cm　テグス(＃3)150cm(30cm×5本)

作り方

ab共通 1＊テグスでモチーフを5個作る。2＊ナイロンコートワイヤーを半分に折ってつぶし玉でとめ、ビーズとモチーフを通す。反対側の端もつぶし玉でとめる。3＊Tピンの飾りと金具をつける。

出来上がり寸法 a,b 38cm

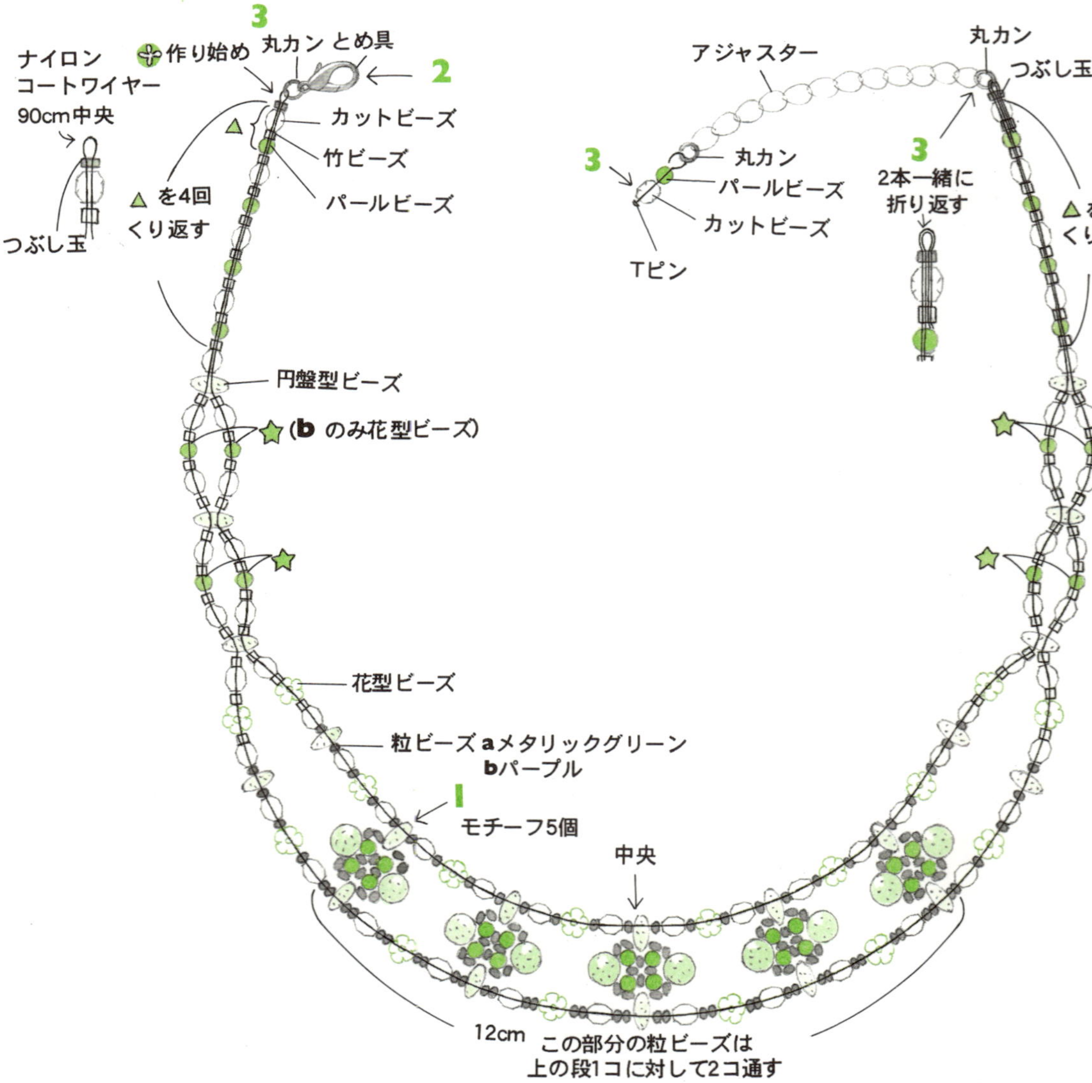

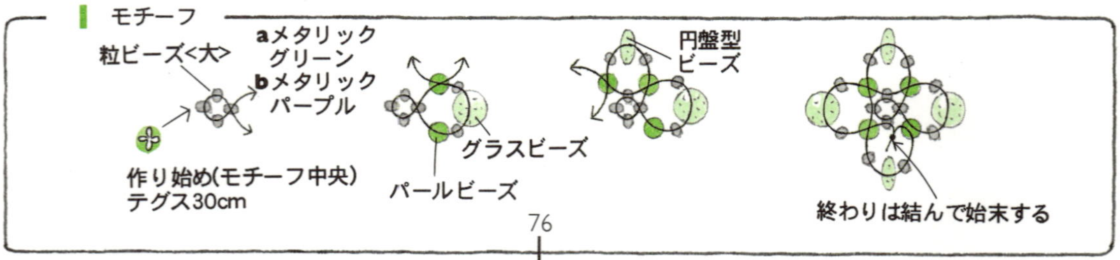

Page25

16

花モチーフのチョーカー ブレス◆リング

材料　◆ボタン＆ビーズ

c　**カットビーズ**丸8mm(シルバー)1個　だ円［4mm(シルバー)2個　3mm(ブルーメタル)11個］　**平円ビーズ**6mm(ブルーマーブル)2個　**粒ビーズ**<丸>オーロラ12個　**竹ビーズ**<五厘・カット>ブルー80個

d　**カットビーズ**丸6mm(シルバー)9個　だ円3mm(ブルーメタル)38個　(シルバーメタル)18個　**平円ビーズ**6mm(ブルーマーブル)18個　**粒ビーズ**<丸>オーロラ64個　**竹ビーズ**<五厘・カット>ブルーメタル496個

◆その他

c　**テグス**(#3)70cm

d　**とめ具**1個　**アジャスター**1本　**ボールチップ**2個　**丸カン**1個　**つぶし玉**2個　**テグス**(＃3)190cm

作り方

c　シャワー台にボタンとビーズを図のようにとめつける。ブローチのツメを折ってシャワー台をつける。

d　ボタンを図のように配置し、テグスでビーズを通しながらコームにとめつける。

出来上がり寸法　c 5cm　d 30cm

c リング

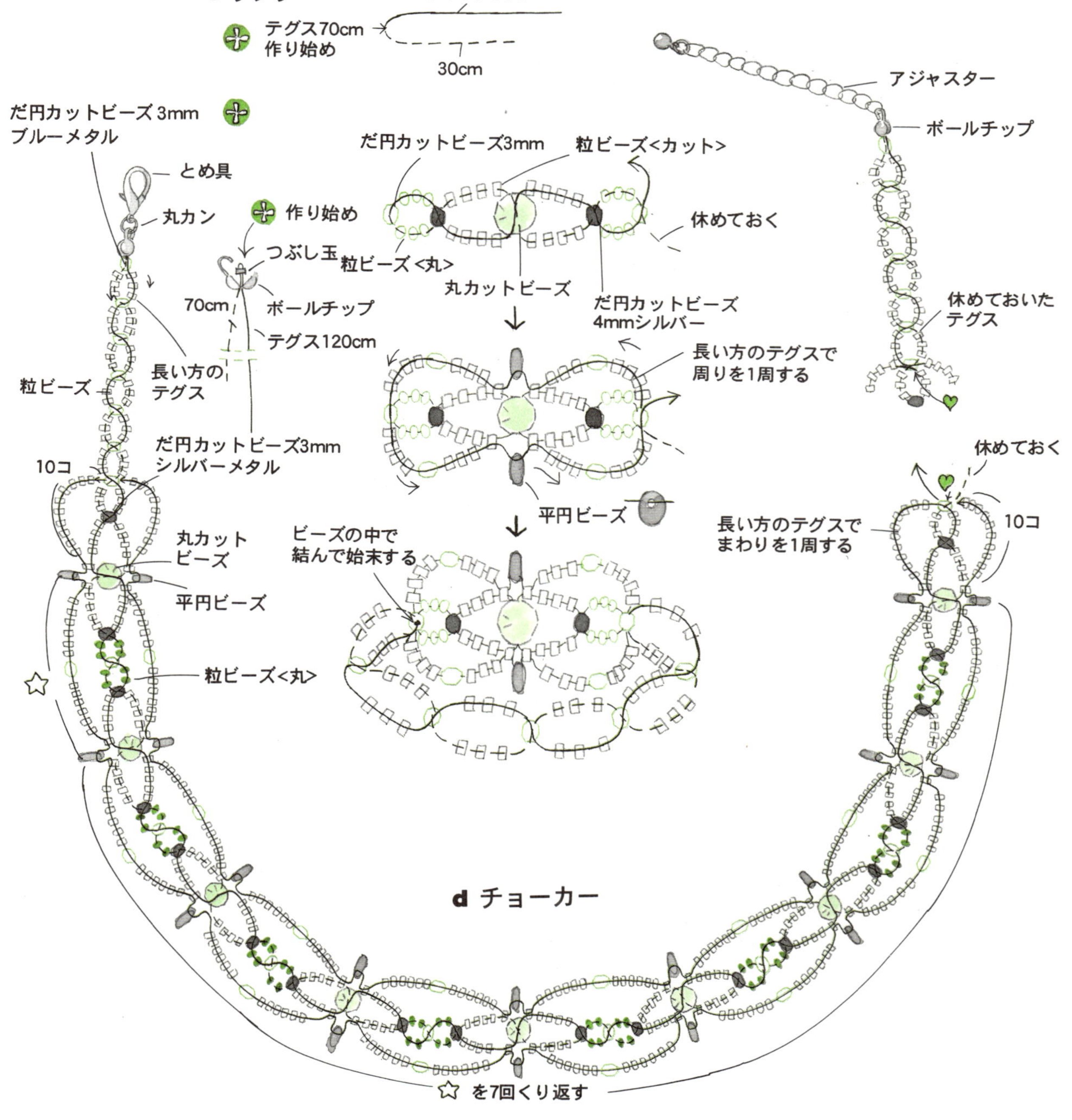

基本の用具とパーツ

ビーズクラフトは細かくてデリケートな作業が多いので
制作途中で何度も探し物をしたり席を立ったりしなくてすむように
用具と材料をしっかり揃えてから始めることをおすすめします

基本の用具

ペンチ

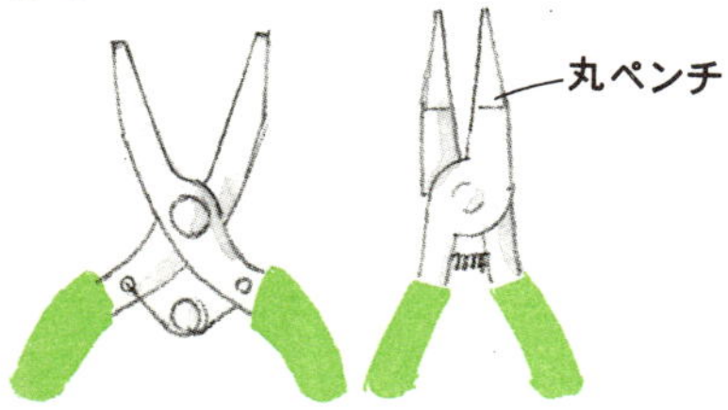

ピンを曲げたり、丸カンを開いたりする時に使う。

ニッパー

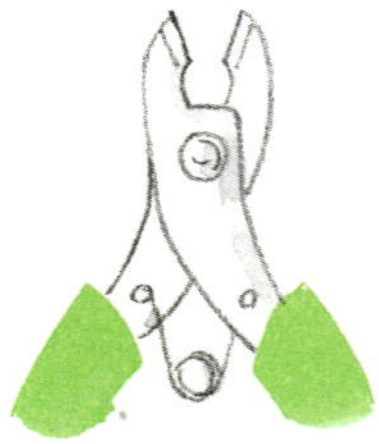

ピンやワイヤーをカットするのに使う。

ボンド

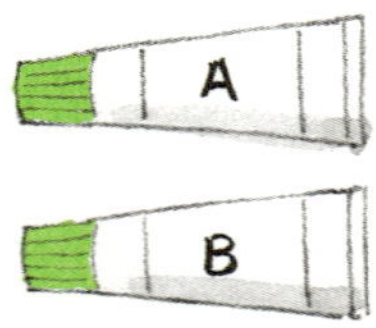

ふたつの液をまぜて使用する。
即乾性が高いものが便利。

よく使うパーツ

リング

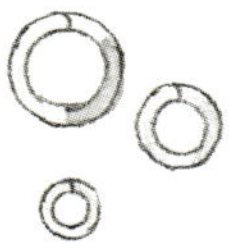

ボールチップ

つぶし玉

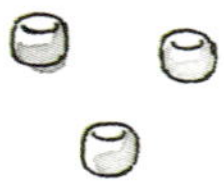

とめ具

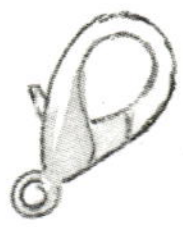

引き輪

アジャスター

Tピン／9ピン

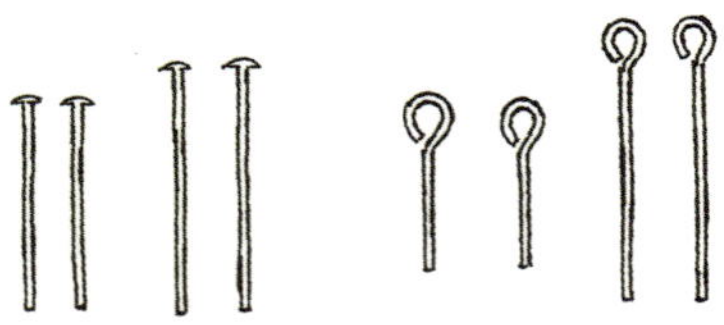

◆アドバイス◆
パーツ、金具もビーズと同様、いろいろな色と形があります。素材によって扱いやすさなども違うので、よく確かめて購入しましょう。

チェーン

ときどき使うパーツ

ボールチェーンとVカップ

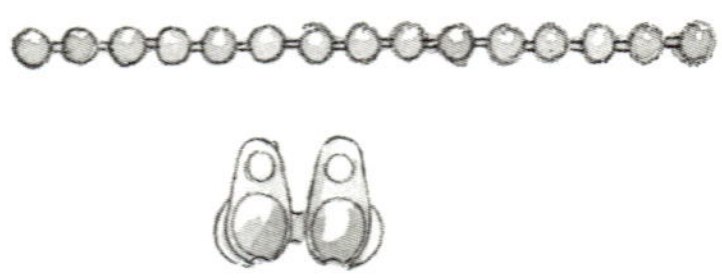

ひもどめ

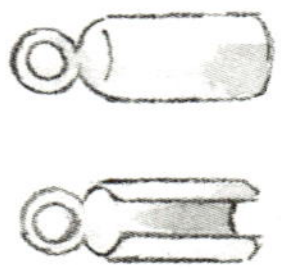

穴にひもを差し込むタイプと、挟み込んでからかしめるタイプ。

キャップ

アイテム専用パーツ

シャワー台付き金具

<ブローチ>　<イヤリング>

コーム

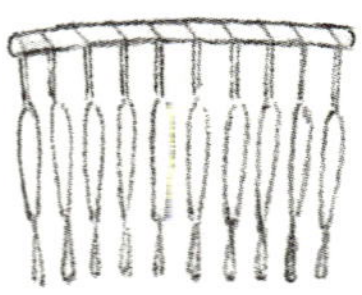

ストラップパーツ

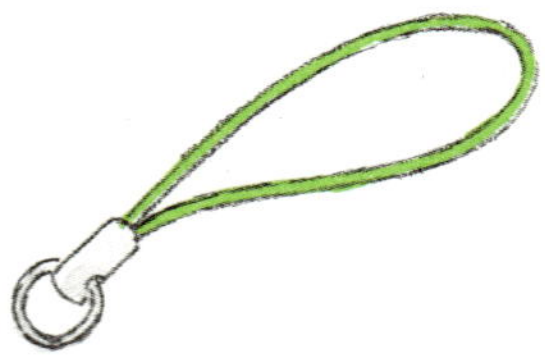

イヤリング・ピアス

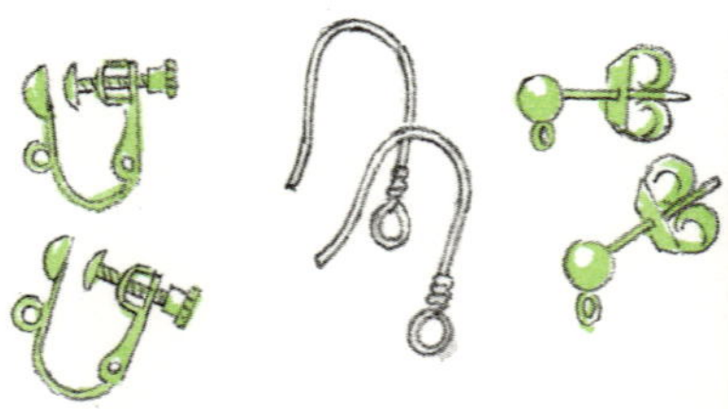

基本のテクニック

基本的なテクニックはすべて、慣れてしまえば意外と簡単なものです
ただし、テグスの始末やピンの曲げ方が
作品の出来映えを左右することもあるので、きちんと取り組みましょう

ボールチップをとじる

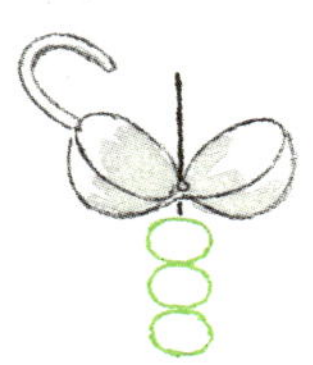

ワイヤーやテグスをボールチップに通す。

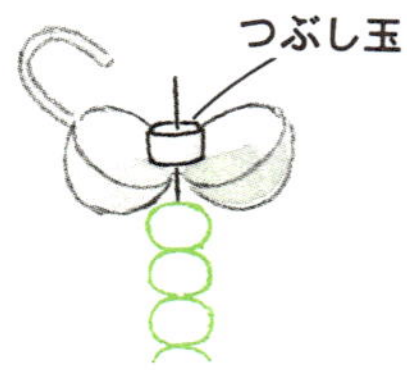

中でつぶし玉をつぶし、ボンドをつける。ひと結びしておくと、より安心。

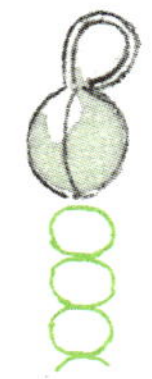

ボールチップをとじる。

つぶし玉でとめる

ワイヤーやテグスでループを作る。

ボンドをつけてつぶし玉をつぶし、余分をカットする。

テグスを結んで始末する

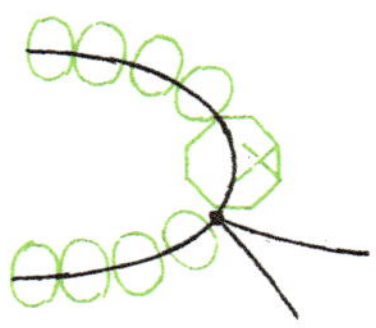

ビーズのきわで固結びをする。

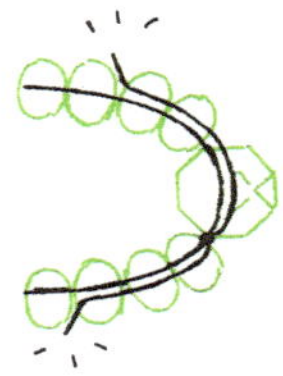

ビーズに通し返してカットし、結び目にボンドをつける。ビーズに結び目が隠れるとベスト。

テグスを結んでつなぐ

テグスが切れたり、足りなくなったりした時はテグスが交差するところを利用して、図のようにする。

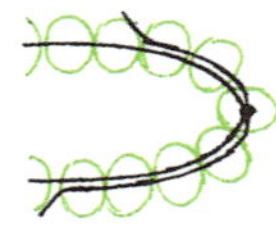

今のテグスを一度結んで処理する。

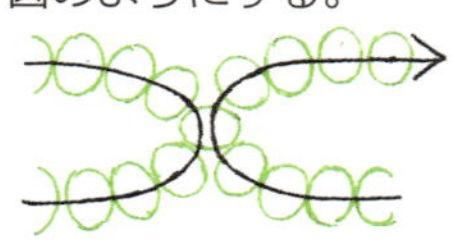

新しいテグスを通す。

ピンを曲げる

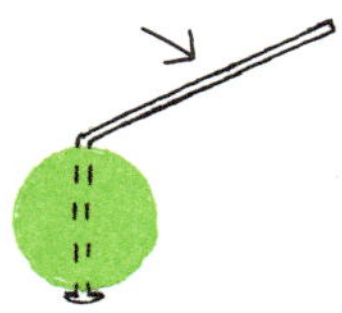

ピンにビーズを通し、先を曲げる。

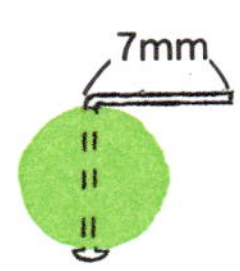

7mm程度残してカットする。

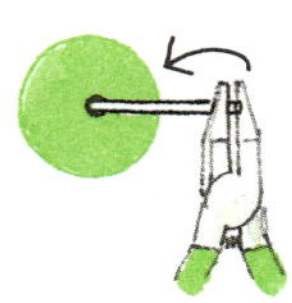

ピンの先をペンチで掴んで先端からゆっくりと曲げる。

一度持ち直して、ピンの先端が輪の根元に近付くように曲げる。

よく使うボタンとビーズ

ボタン

穴あきボタン

<ふたつ穴> <よつ穴>

足つきボタン

ビーズ

粒ビーズ

<大> <丸> <小> <カット>

約2.2mm 約1.9mm 約1.2mm

カットビーズ

<だ円> <丸>

そろばん型ビーズ

6mm 4mm

竹ビーズ

<五厘> <一分>

約1.5mm 約3mm

※この本ではビーズのサイズは図のようにおいた場合の幅で表示してあります。

取り扱い店一覧

大阪産業のビーズは以下の販売店でも購入できます。

[阪急]
(株) 阪急百貨店　9F　ホームクラフトワールドSesse
〒530-8350　大阪市北区角田町8-7　TEL06-6361-1381 (代表)

[京都店]
(株) 大丸　手芸用品売り場6F
〒600-8511　京都市下京区四条高倉西入　TEL075-211-8111 (代表)

[心斎橋店]
(株) 大丸　手芸用品売り場パオロ南館2F
〒542-8501　大阪市中央区心斎橋筋1-7-1　TEL06-6271-1231 (代表)

[阿倍野店]
(株) 近鉄百貨店　ホビー用品売場7F
〒545-8545　大阪市阿倍野区阿倍野筋1-1-43　TEL06-6624-1111 (代表)

[橿原店]
(株) 近鉄百貨店　ホビー用品売場パオロ
〒634-8511　奈良県橿原市北八木町3-65-11　TEL0744-25-1111 (代表)

[京急店]
(株) 京急百貨店　ハンドクラフト京急パオロ7F
〒233-8556　横浜市港南区上大岡西1丁目6-1　TEL045-848-7324

[広島そごう店]
(株) 広島そごう本館　手芸売場パオロ8F
〒730-0011　広島市中区基町6-27　082-225-2827 (代表)

※尚、この本に掲載している素材に関してのお問い合わせは大阪産業(TEL.06-6271-6636)まで、
ご注文は郵送、ファックス(FAX.06-6271-6630)またはeメール(paolooic@jade.dti.ne.jp)にてお願いします。
ご注文の際は住所、氏名、電話番号を必ず明記して下さい。
また、大阪産業ではこの本で使用しているボタンを含む『ボタンカタログ』の販売もいたしております。

ボタンとビーズのアクセサリー

発行日／2001年5月30日　編集人／小苅米アヰ子　発行人／武内英昭　発行所／株式会社　雄鶏社　〒162-8708　東京都新宿区西五軒町11-11
電話／03-3268-3101 (代)　03-3268-3108 (編集直通)　03-3268-3107 (営業直通)　振替／00140-2-26255　印刷所／錦プロデューサーズ
ISBN4-277-47173-0-C5077